사업의 감각

돈이 되는 비즈니스를 만들고 브랜딩하는 법

사업의 감각

THE SENSE OF BUSINESS

루디 마조키 지음
최경은 옮김

다산북스

진실한 친구, 형제이자 동료 사업가인
댄 위가트에게

풋내기였던 나를 거두어주고
좋은 일 그리고 나쁜 일을 겪어내는 동안
나의 멘토가 되어주고
언제나 내 이야기에 귀를 기울여준,
긴 여정 동안 나의 셰르파Sherpa가 되어준 한 사람

일러두기

* 환율은 1,160원으로 계산했습니다.

당신의
작은 아이디어가
비즈니스가 되기 시작한다

모든 새로운 사업이나 참신한 아이디어의 가치는 침묵과 무지, 그리고 어둠이라는 무無, nothingness에서 탄생한다. 위대한 사업가가 어둠 속에서 횃불을 밝혀야만 비로소 그 가치가 세상을 밝고 환하게 비춘다.

이 책은 부富를 비롯하여 특별한 가치를 지닌 많은 것들이 그야말로 **무에서부터 출발해 이 세상에 탄생하는 과정**을 명료한 글과 실질적인 노하우로 보여준다.

사업가를 꿈꾸는 사람이든 아니든 이 책을 읽는 모든 독자들은 많은 것을 얻어가게 될 것이다. 우선 이 책은 모든 형태의 사업에 폭넓게 적용할 수 있는 방법을 제시한다.

어떻게 내 사업을 감각적으로 전달하는가는 꿈을 이루는 데 필수적인 요소지만 때로는 간과되기도 한다. 여기서 꿈이란 타인의 관심을 사로잡고 그들에게 동기를 부여하여 참여와 헌신을 이끌어내는 것이다.

이 책은 사업을 함에 있어 경영진을 꾸리고 이들에게 목표와 동기를 부여하기, 경영난 또는 과도한 성장에 대처하기, 투자자들과 이사회의 긍정적인 분위기를 유지하기, 벤처 기업의 출구 전략 세우기 등 모든 목표를 한데 묶어주는 황금 실을 선사한다.

이 책에서는 사업을 하는 데 있어 근본적인 핵심이 바로 사업의 이야기를 개발하고 점진적으로 수정하여 실행하는 것이라는 사실을 책 전반에 걸쳐 차근차근 독자들에게 알려준다.

사업가인 저자 루디 마조키는 자신이 성공할 수 있었던 가장 큰 비법을 알려준다. 이 책은 경험에 바탕을 둔 사례와 실질적이고 구체적인 조언들로 구성되어 있어서, 새로운 사업을 어떻게 만들고 진화시킬 수 있는지를 보여준다. 이로써 당신은 **단지 아이디어에 불과했던 생각에 활력과 숨결을 불어넣을 수 있을 것이다.**

> "자신의 꿈을 이루는 가장 훌륭한 방법 중 하나는 성공적인 스토리텔링의 원칙과 관행을 익히고 마스터하는 것이다. 그게 없다면, 당신의 꿈은 그저 어느 공터의 무의미한 광고판이나 마찬가지다. 스토리텔링이 지닌 변화의 힘에 관한 마조키의 조언에 귀를 기울여라. 자신의 비즈니스를 런칭하고 비전을 현실로 만들어낼 수 있는 꿈을 이루는 기술을 터득하라."

차례

2장 두서없는 아이디어는 어떻게 사업으로 발전하는가

3장 설득할 수 있어야 미래가 있다

4장 성공하는 사업은 변화와 진화를 반복한다

들어가는 말

사업은 돈으로 하는 게 아니다

30년 가까이 이 일을 해왔는데도 내 다리는 여전히 착암기jack-hammer처럼 불안하게 덜덜 떨고 있었다. 나는 손에 쥐고 있던 레이저 포인터를 굴리고 또 굴렸다. 마치 마지막 결단을 앞둔 갬블러가 포커 칩을 굴리듯이 긴장감이 역력했다.

내 앞에 놓인 보드카 한 컵과 물 한 컵을 물끄러미 바라보면서 발표의 서두를 어떻게 꺼낼지 머릿속으로 반복해서 리허설을 했다. 보드카를 한 모금 삼키고 나니, 마음이 다소 편안해지고 떨리던 다리도 그럭저럭 진정됐다. 두 번째 발표자가 발표를 마무리하고 있었다. 몇 분 후면 나는 연단에 올라 있을 것이다.

사람들을 사로잡는 특별한 '그것'

객석에는 뛰어난 전문지식과 재력을 갖춘, 서로 친분이 있는 전문가 약 30명이 앉아 있었다. 청중으로서는 녹록치 않은 상대였다. 그들 틈에 그들의 배우자와 직원들이 드문드문 끼어 있었다. 나는 그날 저녁의 세 번째이자 마지막 발표자였다. 칵테일 리셉션과 만찬 사이의 순서였다.

발표회장은 회원 전용 컨트리클럽에서 분기마다 열리는 심포지엄이었는데, 청중은 이미 좀이 쑤셔서 가만히 앉아 있지 못하는 상태였다. 앞선 발표들이 어수선하고 복잡하고 혼란스러웠기 때문이다.

나를 포함해서 발표자 세 명은 모두 경영 일선에 뛰어든 지 얼마 안 되는 CEO였다. 우리의 사업에 투자할 의향이 있는 부유한 재력가들을 소개받기 위해 그 자리에 나온 터였다. 같은 처지에 있는 동료로서 앞서 발표한 두 사람에게 동정심이 일었다.

하지만 준비한 발표자료의 첫 번째 슬라이드를 소개하는 순간, 그런 생각은 깨끗이 자취를 감췄다. 곧바로 나 자신과 그들을 차별화하기 위해 나는 연단 옆으로 나와서 앞에 있는 사람들을 향해 한 발짝 내디뎠다.

굶주린 청중에게 내가 준비한 먹음직스러운 미끼를 던지고 나서야 내 심박수는 천천히 정상으로 돌아왔다. 몇 가지 핵심 단어로 사람들을 사로잡고도 나는 긴장을 약간 늦출 만큼만 머뭇거렸다. 약삭빠른 영업사원들처럼 강매하는 것 같아 보이지 않는 것이 중요했다. 이미 그런 사람들은 문턱이 닳도록 수없이 들락날락했을 것이다.

내겐 그들과는 다른 특별한 무언가가 있었다. 단지 혁신적인 제품만이 아니라, 오직 선택받은 소수만이 나와 함께 여정을 떠나는 특권을 누릴 수 있는, 그들이 현재 가진 부를 보완해줄 만큼 흥미로운 여행에 대한 초청장 말이다.

내가 발표를 마치자 장내가 들썩였다. 마치 전선이 치지직거리며 불꽃을 내듯이 여기저기서 스파크가 터졌다. 많은 사람들이 먹음직스러운 디저트를 마다하고 옆방의 거대한 벽난로가로 나를 보러 왔다. 그들은 나의 사업에 관심을 보였고 그 가치를 이해했다. 어떤 게 필요한지를 알았고, 자신도 참여할 수 있는지 내게 물었다.

나는 지난 한 시간 동안 약속받은 투자 금액을 헤아려보았다. 최소 약 10억 1,100만 원이었다. 그 후로 열흘간 나는 총 16억 2,470만 원가량을 유치했다!

사업은 어떻게 표현되어야 하는가

수완 좋은 사업가가 되려면 자신의 아이디어를 제대로 전달하는 능력을 반드시 갖춰야 한다. 당신이 성공으로 향하는 험난한 길 위에는 깨달음과 두려움, 충만한 활기와 공포, 기쁨과 절망으로 가득 찰 것이다. 분명히 기나긴 여정이 이어질 테고, 길에서 벗어나면 위험에 처하게 될 것이다.

조금이나마 위안이 되는 것은 길을 헤매다 그 노란 벽돌길(yellow brick road, 『오즈의 마법사』에서 도로시가 마법사 오즈를 찾아가기 위해 따라 걸었던 길)에서 벗어났을 때 당신은 혼자가 아닐 거라는 점이다. 하지만 오랜 시간 동안 이탈하게 되면, 아예 처음부터 다시 시작하지 않고서는 원래의 길로 돌아가기가 더욱 어렵다.

이 책은 나의 사업 경험을 바탕으로 썼다. 이 책을 통해 나는 당신이 온갖 장애물을 피해 노란 벽돌길 위에 머물 수 있도록 믿을 수 있는 가드레일을 제공하고자 한다.

프랭크 바움의 『오즈의 마법사』 이야기를 기억하는가? 도로시는 에메랄드 시티를 찾아가는 험난한 여정 동안 다른 사람들에게 몇 번이나 자신의 이야기를 들려주었는가? 사악한 동쪽 마녀가 도로시의 집에 깔려 사라진 후, 도로시는 착한 북쪽 마녀 글린다를 만나 자신이 처한 상황을 설명하면서 임무를 시작한다.

도로시는 먼치킨들을 만나서 자신의 이야기를 더욱 가다듬었고, 이 이야기는 허수아비와 양철 인형, 겁쟁이 사자 등 새로운 동반자를 만날 때마다 더욱더 강력해지고 공고해졌다. 또한 도로시가 사악한 서쪽 마녀에게 자신의 이야기를 들려줄 때는 몇 가지를 살짝 다르게 비틀기도 했다.

다른 사람들을 설득해 도움을 받기 위해서, 또는 자신의 여정에 동참시키기 위해서 도로시는 이야기를 들어주는 모든 이들에게 몇 번이고 자신의 상황을 설명했다. 덕분에 핵심 목표를 달성할 때쯤 비로소 도로시가 마법사 오즈를 만나 들려준 이야기는 아주 섬세하게 정리되어 있었고, 미리 준비가 잘되어 있었으며, 수정처럼 맑고 분명했다.

그 결과 도로시는 자신의 여정에서 중요했던 목표들을 이루어냈다. 그뿐만 아니라, 도로시를 믿고 지지했던 다른 이들 역시 자신의 노력에 대한 엄청난 보상을 받았다.

사업가로 성공하는 데 필요한 필수조건도 이와 다를 바 없다. 당신을 통해 내비치는 사업과 아이디어는 당신이 보여줄 수 있는 전부이자 가진 전부이며, 당신의 가방에 들어 있는 가장 중요한 도구다.

당신이 하고자 하는 그 일을 사람들에게 제대로 전달하지 않는다면, 날개 달린 사악한 원숭이들을 계속해서 상대해야 할 수도 있다. 어느 누구의 믿음도 얻지 못하는 허풍쟁이가 되던가, 심지어 처참한 실패를 맛볼 수도 있다.

사업가는 사업을 매력적인 이야기로 들려줄 수 있어야 한다. 당신의 이야기를 듣는 사람들은 초기 투자가들, 직원들, 임원들, 주주들 외에도 당신이 사업에 대해 이야기하는 절친한 친구들까지 포함한다. 이 책에서 나는 이 사람들을 청중이라 표현했다. 당신은 사업의 준비 단계에서부터 진행 단계, 마지막 사업을 매각하는 단계까지 전 과정에 걸쳐 '당신의 사업'이라는 이야기를 멋지게 전달해야만 한다.

멋진 아이디어는 그 자체로 빛나지 않는다. 멋진 아이디어를 가지고 있다고 해서 그것이 저절로 비즈니스가 되지 않는다. 당신을 통해 아이디어가 매력적으로 표현되어야만 사람들은 그 아이디어의 진가를 알아줄 것이다.

설사 그것이 작은 아이디어에 불과하더라도 당신을 통해 어떻게 표현되느냐에 따라 결과는 완전히 달라질 것이다. 연구실에만 틀어박혀 있던 풋내기 대학원생이었던 내가 어떻게 사업의 감각을 길러 성공한 사업가가 될 수 있었는지 지금부터 말해보려 한다.

1장

사업가란 무엇인가

도넛 보이에서 사업가로

내가 사업의 감각들을 언제, 어떻게 익히기 시작했는지 먼저 알려주고 싶다. 나는 지금껏 다소 험난한 길을 걸어왔다. 내가 사업을 하며 겪어온 사람들은 나를 격려하고 북돋아주기도 했지만, 때로는 노란 벽돌길 바깥으로 나를 내던져버리기도 했다. 그 과정의 결과 지금의 내가 되었다. 그리고 나는 지금 당신이 나로 하여금 조금이라도 덜 험난한 사업의 길을 걸어가기를 바라는 마음에서 이 책을 쓰고 있다.

경영학을 전공하지도 않았고, 사업가를 꿈꿔보지도 않았던 내가 어쩌다가 사업의 길로 접어들어 사업이라는 이야기로 인생을 뒤바꾸었는지 먼저 이야기해야겠다.

가난한 도넛 가게 아들

●● 나의 아버지는 이탈리아 나폴리 출신이고 어머니는 오스트리아 비엔나 출신이다. 헝가리 집시와 이탈리아계 미국인의 만남이라니, 상당히 흥미로운 만남이지 않은가. 부모님은 도넛 가게를 함께 운영하셨다. 아침부터 저녁까지 가게에서 일하느라 부모님은 늘 바빴다. 덕분에 나와 형이 아침에 학교에 갔다가 오후에 집으로 돌아오면 집에는 아무도 없었다.

내가 좀 컸을 때부터는 학교가 끝나면 버스를 타고 집으로 가는 게 아니라 가게 앞에 내렸다. 나와 형은 뜨거운 기름에 도넛을 튀기고, 뒤집고, 도넛에 입히는 윤기 나는 글레이즈가 뚝뚝 떨어져 있는 팬을 정리하는 일을 했다. 그러고는 하루에 고작 몇 백 원을 받았다. 너무 적다고? 그 당시만 해도 몇 백 원만 내면 도넛 하나와 커피 한 잔을 살 수 있었다.

나는 자라면서 동물들에 관심을 갖게 되었고, 나중에 커서 수의사가 되어야겠다는 생각을 했다. 사업가라니? 그런 건 생각도 하지 않았다! 그런데 동네 수의사 선생님께 여쭤봤더니 수의

대에 들어가는 건 정말 쉽지 않은 일이었다. 심지어 일반 의대에 들어가는 것보다도 더욱 어려웠다.

펜실베이니아 서부 시골 마을에서 크림 도넛이나 만드는 삶을 벗어날 수 있는 유일한 방법은 의대에 들어가는 길뿐이라고 생각했다. 수의사를 꿈꾸며 나는 학업에 더욱 매진했다.

진로를 결정하고 중학교에 입학했을 무렵, 나는 '도넛 소년'이라고 불리기에 더없이 정확하고 어울리는 모습이었다. 매일 도넛을 두세 번씩 먹는 생활이 10년 넘게 지속되었으니 살이 찌는 것은 당연했다. 그 접힌 살들 안에는 멋진 젊은이가 있었을지도 모른다. 하지만 사람들은 나의 그런 모습을 전혀 알아보지 못했다.

내 일상은 단조로웠다. 근처의 애완견 보호소에서 일했고, 하루 두 번씩 개똥을 삽으로 퍼서 치웠다. 나머지 시간에는 공부를 하거나 저녁 늦게까지 수영을 했다. 내 몸에 붙은 지방을 조금이라도 태워보려고 말이다.

나는 17세의 나이로 고등학교를 졸업했고, 그해 가을 피츠버그 대학 의예과에 입학할 수 있었다. 집세와 등록금, 책값과 식비를 충당하려면 두 가지 아르바이트를 해야 했다. 하지만 본격적으로 대학 운동부 활동을 하기에는 시간적 여유가 충분치 않았다. 대신 피츠버그 할리퀸 럭비 클럽에 가입했는데, 여기서 나는 사람들을 대하는 능력을 훈련할 수 있었다.

이 클럽에 참여하려면 나이가 21세이상이어야 했고, 나는 아직 10대였지만 그런 건 문제가 되지 않았다. 그 당시 나는 25세였던 내 룸메이트의 운전면허증을 빌려서 이미 어느 바에서 아르바이트를 하고 있었으니까.

클럽에 가입한 후 4년 동안 나는 팀원들과 코치들, 스폰서들, 그리고 동네 바텐더들이 내가 성년이 지났다고 믿게 만들었다. 남들보다 어린 나이에 주변 사람들에게 내가 성년이라고 믿게 만들고 지속하는 것, 주눅 들지 않고 내 것을 잘 챙겨나가는 데는 적지 않은 촉과 감각이 필요했다.

나는 학업에 매진했고, 특히 생화학과 세포학에 집중했다. 교수들은 의대에 잘못 들어온 예과 학생들을 대거 탈락시켰는데, 다행히 나는 시험에 통과했다. 내 성적은 수의대에 들어가기에는 부족했지만 의대에 들어갈 정도는 됐다. 마침내 공부를 마치고 의대입학시험을 치렀고, 의사나 박사통합 과정 진학을 고려하며 가능한 한 많은 지원서를 냈다. 내가 정말 의사가 되고 싶은지에 대한 확신이 서지 않았기 때문이다.

입학 거절 통지를 수차례 받는 것은 괴로웠지만, 결국 나는 펜실베이니아에 위치한 어느 의대의 대기자 명단에 오르게 되었다. 합격이 아니라 대기자 명단 말이다. 그 말인 즉, 나는 명단의

끝부분에 겨우 들어 있고, 나보다 더 나은 사람이 지원할지 조금 더 기다려보겠다는 뜻이었다. 이런 상황에서 기쁘게도 나는 UCLA의 의과 대학원 과정을 이수할 수 있게 되었다는 합격 통지서를 받아들었고 정말이지 뛸 듯이 기뻤다.

내가 운이 좋게 UCLA에 합격한 건 철저한 계획의 결과가 아니었다. 산타 모니카 럭비팀이 미국에서 최고라는 말을 듣고 별 생각 없이 지원한 곳에 합격한 거였다. 나는 책과 럭비 부츠를 챙겨서 버스를 타고 피츠버그에서 LA로 향했다.

연구실에 틀어박힌 대학원생에게 찾아온 사업의 '넛지'

그 당시 레이거노믹스의 영향으로, 나는 이 학과에서 저 학과로 대학원 과정을 옮겨 다녔다. 그러다가 마침내 수리과학과에 자리를 잡았고 생물물리학과 유전공학을 배웠다. 대학원에 진학한 후에도 나는 생활비를 버는 데 여념이 없었다. 생활비에 보태기 위해 유전공학 연구실의 여러 프로젝트에 참여했다.

당시에는 이때의 경험이 훗날 사업에 쓰일 거라곤 전혀 생각지 못했다. 이때의 경험은 나중에 사업을 하며 여러 질병 치료에 쓰일 수 있는 기기를 구상하고 설계할 때 창의력을 발휘하는 데 도움이 되었을 뿐만 아니라, 지적재산권에 대한 경험을 쌓는 데도 도움이 되었다.

또한, 연구실 프로젝트를 통해 임상적인 문제를 가시화하고 기술적인 해결책을 도출하는 스토리를 구성하는 방법을 배울 수 있었다. 연구 결과를 도출하는 과정은 사실을 근거로 해야 했다. 거짓이나 허풍이 허용되지 않았다. 문제를 분명히 인식하고 명백한 해결책을 도출하는 것. **사업 또한 이와 마찬가지다. 무엇이 문제인지 파악한 다음 그 문제를 해결할 수 있는 무언가를 사람들에게 멋지게 제공해야 한다.**

문제와 해결책을 잘 짜인 하나의 결과물로 가시화하는 법, 나보다 나이 많은 사람들 사이에서 어른 행세를 하며 경쟁하면서 쌓은 촉과 마음가짐은 사업가가 지녀야 할 감각을 익히는 데 많은 도움이 되었다. 당시에는 깨닫지 못했지만 말이다.

하지만 연구실에 틀어박힌 삶은 지루했다. 18개월 동안 실험용 쥐 수백 마리를 희생시켜가며 연구하다 보니, 나중에는 내 몸에서도 쥐 냄새가 나는 것만 같았다. 어린 시절에는 수의사가 되는 것이 꿈이었는데, 12세 때는 개똥을 치우더니, 22세에는 쥐똥을 치우고 있는 내 신세가 처량했다.

그런데 어느 날 나에게 넛지가 되어줄 만한 기회가 찾아왔다. 중환자 치료 분야에서 새로운 길을 개척하고 있는 인디애나의 한 의료기기 회사에서 일해보지 않겠냐는 제안을 받게 된 것이다.

사업가로서의 내 인생은 그때부터 시작되었다.

혁신적인 아이디어가 없어도 괜찮다

나는 사업을 시작하고 발전시키기 위해 민간 투자자들과 벤처 펀드로부터 지금껏 총 3,017억 3,000만 원이 넘는 자금을 모았다. 놀랍지 않은가? 나에게 타고난 사업의 감각이 있었기 때문이라고? 천만에! 나는 내가 사업가가 될 거라고 꿈에도 생각하지 않았다. 연구실에 틀어박혀 수백 마리의 쥐에 둘러싸여 연구만 하던 내게 사업가라니! 당시의 내 동료들이 지금의 나를 보고 놀라는 것은 당연하다.

나의 사업 감각은 넛지가 되어줄 만한 작은 기회에서 시작되어 여기까지 왔다. 내 첫 번째 사업은 이렇게 탄생했다.

남을 위해 일하는 동안 지식과 경험을 충분히 쌓아라

●● 그 당시 나는 대학원생이었고 학업을 다 마치기도 전이었다. 되돌아보면 그때까지 배우고 연습한 것들이 내가 사업계에 입문하는 데 최소한의 신뢰를 보장해주었다. 이 분야에 충분한 지식을 쌓을 수 있었고 경력으로, 그리고 신뢰로 인정받을 수도 있었으니까.

연구실에 틀어박혀 연구에만 몰두하던 어느 날, 중서부 지역의 대규모 의료기기 제조업체가 내 첫 출판물과 특허 출원에 관심을 보였다. 나는 제안을 받기 전까지만 해도 비즈니스 업계에 대해 전혀 알지 못했다. 책과 연구 외에 내가 관심을 가질 일이 뭐가 있었겠는가? 존재조차 알지 못했던 비즈니스 업계에 나는 얼떨결에 뛰어들게 되었다.

일단 관심을 보이는 사람들을 상대하려고 하니, 나는 스스로 정보를 습득해야 했다. 경험이 많은 사람들에게 비즈니스에 대한 기본 지식과 내 특허가 적용될 법한 기기의 설계, 개발, 제작 및 마케팅 방법에 대해 조금씩 알아갔다.

나는 약 6년간 회사에 소속되어 다른 사람을 위해 일했다. 그 6년이라는 시간은 나에게 사업가가 되기 위한 비즈니스 지식을 쌓는 기간이었다.

회사를 나와 내 사업을 해야겠다는 결심이 선 데는 결정적인 사건이 있었다. 내 나이 28세 때의 일이었다. 6년 동안 회사에 소속되어 지식들을 속속들이 알아가자 나는 스스로 해보겠다는 대담한 자신감이 생겼고, 사업가가 되어 내 회사를 이끌어보고 싶다는 마음도 컸다. 하지만 결정적 사건이 없었다면 사업가로서 발을 내딛는 데는 좀 더 시간이 걸렸을지도 모르겠다.

매너리즘에 빠진 사람들 사이 모난 돌

●● 내가 일하던 회사는 세계 유수의 인터벤션(interventional device, 영상장비를 이용하여 진단이나 치료를 하는 분야) 기기 업체였다. 내 주된 업무는 의사들에게 이 기기를 활용하여 시술할 시 장점을 알려주고, 어떻게 이를 임상 적용할 수 있을지 밝히는 것이었다. 즉, 스토리를 들려주는 것이었다. 우리는 새로운 분야를 개척했고, 40종 이상의 새로운 기기와 시술 방법을 개발해냈다.

그 무렵 일본의 경쟁업체가 선보인 새로운 물질이 시장에 엄청난 영향을 끼쳤다. 나는 위험하게도 그 기술과 사랑에 빠져버렸다. 새로운 합금이었는데 이는 다양한 기기에 활용할 수 있었다. 니티놀nitinol은 니켈과 티타늄이 특별한 비율로 섞여 있는 합금으로, 기존에 의료기기에 쓰이던 스테인리스 스틸에 비해 훨씬 더 많은 장점을 지닌 물질이었다.

나는 이 새로운 물질이 어디에 쓰일 수 있을까를 고민했고 아이디어를 내기 시작했다. 그런데 그게 이 회사 안에서는 사람들을 거슬리게 하는 소음처럼 여겨졌다. 아예 대놓고 무시하는 정도는 아니었지만, 사람들은 내 아이디어가 너무 혁신적이거나 리스크가 크다고 생각했다. 해당 관청에서 신규 승인을 받아야 했고 새로운 마케팅 전략도 필요했기 때문이다.

하지만 그 회사의 사람들은 새로운 신규 승인도, 새로운 마케팅 전략도 필요하지 않았다. 그저 기존 시장에서 이미 잘 팔리고 있는 스테인리스 스틸 기기들을 이 새로운 물질로 전환하는 데만 관심이 있었다.

나는 내 아이디어를 확장하고 싶었다. 정보를 찾고 수소문을 하던 차에 미니애폴리스에 위치한 어느 회사가 이 신물질을 치과 교정 분야에 활용하고 있다는 사실을 알게 되었다. 이 회사는 치아 교정기를 개발했는데, 이 신물질을 활용하니 기존에 쓰던 티타늄이나 스테인리스 와이어에 비해 더욱 교정 효과가 좋았다.

나는 이 사실을 알게 된 즉시 미니애폴리스로 날아갔다. 현장 방문을 다녀오고 나니 이 신물질과 관련된 사업에 나도 참여해야겠다는 확신이 생겼다.

나의 첫 사업은 비행기 안에서 탄생했다

비행기를 타고 미니애폴리스로 날아가 회사를 방문 견학한 덕분에 또 다른 큰 수확을 건질 수 있었다. 미니애폴리스의 이 회사가 나에게 큰 투자자를 소개해준 것이다. 위스콘신에 위치한 어느 비상장 기업이었는데, 주로 플라스틱 사출 성형 주문 제작을 하는 회사였다.

이 회사는 고품질 실력으로 업계에서 인정받고 있었다. 스웨덴 자동차 사브SAAB의 매끈한 계기판부터, 멋진 폴라로이드 카메라, 새로운 일회용 의료 장비에 이르기까지 다양한 제품을 생산했다.

그들은 충분한 자금을 보유했고, 의료 업계에까지 진출해서 사업을 다각화하려는 열망이 대단했다. 그들의 전략 중 첫 단계는 그들이 지닌 디자인 및 생산 관련 전문지식을 활용할 만한 새로운 기업에 지분 투자를 하는 것이었다.

내가 그 회사의 기술 센터에 처음 방문했을 때, 아버지 연배의 CEO는 내가 경험이 부족한 젊은이인데도 불구하고 자신에게 제안할 만한 사업 계획이 있는지 물어보았다. 내게 잘 준비된 사업 계획이 있었을까? 천만에! 그런 건 없었지만 어쨌든 제출하겠다고 약속했다.

그날 오후 돌아오는 비행기 안에서 나는 나의 첫 번째 사업의 윤곽을 짜보았다. 이 특별한 합금을 활용하여, 기존 물질들이 지닌 한계로 인해 효력을 발휘하지 못하는 사행성 소혈관small tortuous vessel을 위한 새로운 의료기기를 개발하려는 것이 내 생각이었다.

나의 첫 번째 사업은 그로부터 3개월 후 탄생했다. 나의 첫 번째 회사인 마이크로베나MICROVENA다(회사 이름은 '소혈관 응용small vessel applications'이라는 뜻을 지니고 있다). 나는 소아청소년과, 순환기내과, 신경과 분야에 초점을 맞추었고 사업을 알리는 방법을 빠르게 익혔다.

나는 첫 번째 사업을 통해 많은 깨달음을 얻었다. 때로는 고통스러운 경험을 하기도 했다. 첫 사업은 지분 투자를 별로 받지 못했고, 위스콘신의 모기업으로부터 차입을 통한 자금조달 방식으로 간신히 회사를 출범시켰다.

그 당시 나는 경험이 다소 부족했다. 다시 기회가 주어진다면 다른 결과가 나왔겠지만, 이에 관해서 다 이야기하자면 아마도 책 한 권을 더 써야 할 것이다. 회사가 점차 성공을 거두고 가치가 높아짐에 따라, 회사에 지분 투자 또는 채권 투자를 한 파트너들의 관심은 더욱 높아졌고 그들의 욕심은 더욱 커졌다.

마이크로베나가 탄생한지 약 10년 후에, 위스콘신의 회사는 채권을 지분으로 전환하는 옵션을 행사하고 과반수 지배를 얻어 이사회를 교체했다.

그러고는 내 첫 번째 회사를 대형 사모투자회사에 매각했고, 그 사모투자회사는 나중에 내 회사를 상장했다. 위스콘신의 회사가 왜 그런 결정을 했는지, 그 이유는 지금까지도 확실하게 알 수가 없다.

너그러운 인상을 지닌 아버지 연배의 CEO가 결국에는 지하실의 미치광이로 변해버린 것이다. 다행스러운 것은 그 기술과 제품들이 여전히 전 세계의 환자들을 치료하는 데 활용되고 있다는 점이다.

내가 경험이 부족한 젊은이인데도 불구하고
아버지 연배의 CEO는 자신에게 제안할 만한

사업 계획이 있는지 물어보았다.

내게 잘 준비된 사업 계획이 있었을까?

천만에! 그런 건 없었지만

어쨌든 제출하겠다고 약속했다.

그리고 나는 그것을 멋지게 해냈다!

어떤 사업가가
되려고 하는가

당신은 누군가에게 전하고 싶은 특별한 것이 있는 사람일 것이다. 창의력과 추진력, 야심을 지닌 사람들에게는 널리 알리고픈, 아주 중요한 가치를 지닌 무언가가 있게 마련이다.

다시 말하자면 반드시 널리 알려야만 하는, 널리 알릴 수밖에 없는 것이 있다. 당신의 아이디어와 구상을 듣는 사람은 명확하게 정의된 소규모 집단일 수도 있고, 인류 전체만큼이나 어마어마한 규모일 수도 있다.

당신 머릿속에 담긴 이야기야말로 사람들의 비전과 꿈을 대변하는 진정한 사업가가 지녀야 할 가장 중요한 요소라고 나는 생각한다. 그것에 분명 각별한 의미가 있기 때문이다. 다만 그 이야기를 전달하는 과정에서 일에 대한 당신의 신념이 압축적으로 드러나야만 한다는 것을 명심해야 한다.

수년간의 성공과 실패, 그리고 그밖의 모든 경험을 통해 나는 충분한 자신감을 얻었다. 그리고 이제 내가 터득한 것들을 당신과 나누고자 한다. 그러기 위해 우선, 여기 제시된 견해와 제안들을 제대로 이해하려면 이 책 전반에 걸쳐서 다룬 핵심 개념들을 분명히 정의할 필요가 있다.

진정한 사업가란 무엇인가?

●● 이는 아마도 비즈니스에서 가장 흔히 쓰이면서도 사람들이 가장 오해하는 개념들 중 하나일 것이다. 마치 누군가를 '다정한 남편'이나 '워커홀릭'이라고 부르는 것과 비슷하다.

나의 경험에 따르면 진정한 사업가라는 말은 거의 모든 사람에게 각기 다른 의미를 지닌다. 사업가라는 타이틀을 단 사람들 대다수는 스스로 사업가라고 생각하거나, 그런 타이틀을 선망하는 사람들이 그들에게 사업가라는 이름을 붙여준다.

메리엄 웹스터 사전에 따르면, 사업가entrepreneur는 '비즈니스 또는 기업을 조직하고 관리하며 이와 관련된 리스크를 관장하는 사람'이다. 사전적 정의는 그 정도에서 그친다.

반면 4대 회계법인의 하나이자 선구적인 혜안을 지니고 권위 있는 '올해의 사업가 상Entrepreneur of the Year Award'을 지속적으로 후원하고 있는 언스트 앤 영Ernst & Young은 사업가를 이렇게 정의한다. '사업가는 위대한 아이디어의 창조자이며, 이를 실현하기 위해 부단히 노력하는 사람이다.'

나 또한 다양한 사람들로부터 사업가라는 이름으로 불리는 행운을 누린 사람으로서, 나만의 방식으로 사업가를 정의해보고자 한다. 진정한 사업가는 단지 비전을 지닌 사람이 아니라, 설령 비판을 받거나 잠재적 리스크 또는 개인 자산에 대한 손실이 발생한다 하더라도 그 비전을 실현하기 위해 행동으로 실천하는 사람이다.

진정한 사업가는 **자신의 비전을 행동으로 실천하는 사람, 즉 그 자신이 행동을 취하지 않았다면 이 세상에 존재하지 않았을 무언가를 만들어내는 사람이다.**

건축가가 스스로 설계한 건물을 짓겠다는 비전을 자신의 자본과 노력, 인내를 들여 행동으로 실천하지 않는다면, 그는 사업가가 아니다. 이와 마찬가지로, 작가가 어떤 이야기를 쓰겠다는 비전을 자신의 자본과 노력, 인내를 들여 행동으로 실천한 결과로 저서가 출간, 홍보되고 판매되지 않는다면 그 역시 사업가가 아니다.

다정한 남편이나 워커홀릭도 알고 보면 다양한 부류가 있는 것처럼, 진정한 사업가에 대한 이러한 정의에 관해서도 더욱 세부적으로 깊이 있게 살펴볼 수 있다.

발명가·창업자형 사업가

●● 나는 바로 이 개념이 궁극적으로 사업가를 설명해준다고 생각한다. 앞서 언급한 정의를 기억하는가? 진정한 사업가는 단지 비전을 지닌 사람이 아니라, 설령 비판을 받거나 잠재적 리스크 또는 개인 자산에 대한 손실이 발생한다 하더라도 그 비전을 실현하기 위해 행동으로 실천하는 사람이다.

진정한 사업가는 자신의 비전을 행동으로 실천하며, 그동안 이 세상에 없었던 무언가, 또는 그런 행동을 취하지 않았다면 아마도 이 세상에 존재하지 않았을 무언가를 만들어낸다.

제품이나 서비스에 관해 해결책이 필요한 문제점이나 단점을 발견하고, 현재 해결책이 없는 데는 반드시 그럴 만한 이유가 있다는 사실을 인식하는 사람은 틀에 박힌 사고방식을 벗어나, 발견을 통해 해결책을 찾아낸다. 실현 가능성을 타진하는 것이다.

발명가 · 창업자형 사업가INVENTOR/FOUNDER ENTREPRENEUR는 여기서 한 발짝 더 나아가, 실제 행동으로 옮겨 새로운 해결책을 만들어내고 그 해결책의 참신함을 살펴본다. 또한 이를 보호하기 위해 특허를 신청하기도 한다. 해당 아이디어의 가치를 지키고 상업적 사용을 통제하기 위해서다.

어떤 사람이 특허 보호 신청 접수를 위한 첫 수표를 쓴다고 하자. 그런데 이 사람은 앞으로 어떻게 일을 진행해나가야 할지는 잘 모를 수도 있다. 자신이 이루고자 하는 것에 대한 이해와 열정은 이 세상 그 누구와도 비할 수 없다 하더라도, 새로운 기업을 설립하는 데 필요한 법적 요건에 대한 이해는 다소 부족할 수도 있다. 자신이 알고 있는 분야 또는 자신이 지닌 전문지식을 훌쩍 뛰어넘기 때문이다.

따라서 이 새로운 여정에 나서기에 앞서, 진정한 사업가가 되고자 처음으로 도전장을 던지는 사람들은 우선 법률 용어를 어느 정도 익혀둘 필요가 있다. 아니면 최소한 실력 있는 변호사를 확보하고 정보를 얻는 데 아낌없이 투자할 자세가 되어 있어야 한다. 사업에 대한 비전과 야망이 풍부하면 풍부할수록 필요한 모든 법적 보호를 갖추는 것이 더욱더 중요하다는 사실을 나는 뼈아픈 경험을 통해 깨달았다.

스타트업 사업가

스타트업 사업가START-UP ENTREPRENEUR는 앞서 언급한 정의와는 사뭇 다르다. 새로운 제품이나 서비스의 발명가일 수도 있지만, 그렇지 않은 경우도 상당히 많기 때문이다.

스타트업 사업가들은 보다 비즈니스 중심적이며, 발명가와 협력 관계를 맺거나 기존 특허 아이디어의 라이선스를 얻어 비즈니스를 구축하거나 제품을 상업화한다(이에 대해 지금부터 이 책에서는 제품 또는 서비스라는 표현을 상호 호환하여 사용하도록 하겠다).

이런 사람들은 자신의 본업을 그만두거나 거의 지속하기 어려운 지경에 이르는 등 커다란 희생을 치르게 된다. 또한 일하면서도 안정적인 수입을 얻지 못하거나 저축해두었던 돈을 탕진할 위험에 직면하기도 한다. 이들이야말로 진정한 하드 코어hard core 사업가다.

전문 경영인

●●

전문 경영인PROFESSIONAL MANAGER은 비즈니스의 경영과 개선 또는 성장을 위해 조직이 고용하는 개인을 가리킨다. 우리는 여기서 '경영과 성장'이 서로 조화를 이룬다고 추정할 수 있다. 성장을 도모하는 게 아니라면 조직이 어째서 전문 경영인을 고용하겠는가?

이들 전문 경영인에게는 급여가 보장되며 인센티브 패키지, 의료 및 건강 혜택에 대한 휴가비가 제공된다. 자신의 직무 요건에 걸맞은 성과를 내기만 한다면 고용 연장 가능성도 있다.

어려운 환경이나 열악한 경제 여건하에서도 조직이 살아남고 성장하면 전문 경영인은 사업가로 여겨지기도 한다. 하지만 안타깝게도 이는 사실이 아니다.

이런 사람은 앞서 우리가 논의한 사업가의 정의에 훨씬 못 미친다. 이 책 전반에 걸쳐 전문 경영인에 관해 다시 언급할 기회가 있을 것이다. 진정한 사업가는 비즈니스가 일단 궤도에 올라 정상적으로 운영되면, 핵심 목표 달성을 위해 이들 전문 경영인의 도움을 받는다.

조직의 '개선fix'을 위해 고용된 전문 경영인의 경우에는 사업가주의가 무엇인지를 살짝 엿볼 수 있는 기회를 얻을 수도 있다. 그렇다고 하더라도 진정한 사업가에 대한 우리의 정의에는 여전히 미치지 못한다. 이런 전문 경영인은 주주들이나 이사회 앞에 나서서 잘못된 것을 바로잡는 사람, 즉 '살인 청부업자hired gun' 역할을 한다.

곤경에 처한 회사를 회복시키는 데 사업가 정신이 필요하다는 데는 동의한다. 하지만 젊은 생각을 지닌 노인이라고 해서 그 노인이 실제로 젊어지는 건 아니다!

따라서 사업가 정신을 지닌 전문 경영인이라 하더라도 궁극적으로 진정한 사업가가 되는 것은 아니다. 실패가 발생하더라도 전문 경영인 개인이 감당하는 리스크는 그다지 크지 않다.

내가 본업을 포기하지 않고 14배 수익을 거둔 비결

앞서 분류한 사업가 유형에 해당하는 사람들은 동시에 여러 유형에 해당하기도 한다. 본업을 포기하지 않고 스타트업 사업가가 되거나 전문 경영인이 될 수도 있다. 내가 14배의 수익을 거둔 사업의 경우에도 나는 본업을 포기하지 않고 전문 경영인의 도움을 받았기에 가능했다.

나의 첫 사업 마이크로베나가 탄생한 지 4년 정도 되었을 무렵, 나는 순환기내과 분야에서 특수한 니티놀 기반 기기들을 상업화하는 등 성공을 거두고 있었다. 그러던 어느 따뜻한 봄날 아침, 심장 전문의 출신의 사업가라는 사람이 미네소타의 사무실로 나를 찾아오더니 자신의 이야기를 들어달라고 했다.

그는 우리 회사의 신기술에 대해 알고 있었고, 특정 시술을 위한 새로운 의료 기기들에 대해 구상하고 있었다. 그는 자신의 새로운 회사에 내가 보유한 지적재산권과 노하우의 일부에 대한 라이선스를 제공해줄 수 있는지 문의했다. 대신에 이 새로운 사업의 상당한 지분을 주겠다는 것이었다.

이런 제안은 작은 기업인 우리 회사로서는 생각지도 못한 것이었다. 하지만 내 안에는 기술에 대해 더 배우고 알고 싶은 욕구가 있었다. 우리는 기밀유지협약을 체결했고, 며칠 후에 내 사무실에서 실무 회의를 갖기로 했다.

그의 제안은 정말 상상을 뛰어넘는 것이었다. 그런 제안을 고려해본다는 건 아마도 미친 짓이겠지만, 그럴수록 나의 열정은 더욱 더 커졌다. 나는 그가 제대로 준비할 수 있도록 도와주었다. 이 새로운 회사에 기술을 라이선스할 수 있도록 우리 회사 이사회의 허가를 받고 위스콘신의 대형 투자자들을 끌어들이는 데도 설득의 기술이 필요했다.

결국 우리는 이 새로운 회사가 특정한 용도로 몇몇 특허를 사용할 수 있도록 라이선스를 내주었고, 그 대가로 30%의 지분을 받았다. 또한 나는 추가로 주식을 받아 소규모 투자를 할 계획이며, 그 회사의 이사회 멤버로 참여할 것이라는 점을 밝혔다.

그의 아이디어는 니티놀의 초탄성, 열·형상기억 특성을 활용한 카테터 기반 시스템을 개발하여, 뛰고 있는 심장에 심장우회술을 실시한다는 것이었다. 그 당시에는 거의 모든 우회술이 수술을 통해 이루어졌는데, 인공심폐기를 이용해 환자의 심장이 일시적으로 정지된 상태에서 수술이 실시되었다. 몇몇 회사들이 흉부를 작게 절개하여 출입구를 통해 시술을 시도하기는 했다. 그러나 환자가 깨어 있고 심장이 뛰고 있고 의료진과 대화를 나눌 수 있는 상태에서, 심장 수술실에서 다양한 카테터를 활용하여 흉부가 폐쇄된 채로 시술을 시도하는 것은 이번이 최초였다.

우리는 여덟 가지의 기술적 문제를 파악했고, 시술 방법과 필요한 기기들의 핵심 요소를 보호할 수 있는 특허들을 추가로 신청하기 시작했다. 이제 우리의 목표는 경험을 갖춘 인재들로 개발팀을 구성하고 기기들을 개발하여, 미국 이외의 지역에서 인체 실험을 통해 임상 검증을 획득하는 것이었다.

나와 이 심장 전문의 모두 풀타임으로 근무해야 할 본업이 있었기 때문에, 비즈니스 리더를 찾아내고 채용하는 것이 중요한 과제였다. 우리에게는 해당 업계에서 경험과 경력을 쌓은 탄탄한 전문 경영인이 필요했다. 또한 우리가 필요한 자금을 유치할 수 있도록 도와줄, 사업가 정신과 도전 의식을 가진 사람이어야만 했다. 우리는 스토리의 핵심을 잘 정비한 후 다음 청중을 찾아 나섰고, 애리조나의 어느 골프장에서 투자자를 찾아냈다. 우리는 사업 이야기를 들려주었고, 후크를 걸었다.

변호사들이 기업 설립 관련 서류들을 준비하는 동안, 우리는 기술 개발 계획을 작성했고 여기에다 최신 시장 데이터를 추가했다. 이 계획에는 시제품 제작에 필요한 여덟 가지 핵심 부품, 물질 및 고정체가 들어 있었고, 계획을 추진하는 데 필요한 엔지니어링 분야 인재들에 관한 내용도 포함되어 있었다.

이렇게 작성한 계획에 따르면 인체를 대상으로 이 시스템을 검증하는 것이 주요 목표였으며, 이를 달성하기 위해서는 약 81억 2,300만 원이 필요했다. 벤처 캐피털이 우리 회사에 투자하기에는 아직 초기 단계였고, 리스크가 상당히 큰 상황이었다. 우리는 그들이 관심을 갖기 전에 미리 기술 및 임상 리스크들을 줄여야만 했다.

따라서 우리는 더욱 더 엄격하고 신중하게 스토리를 가다듬었고, 핵심 요점들과 엔지니어링 도면 및 그래프를 넣은 대형 발표자료를 준비했다. 그 당시에 마이크로소프트 파워포인트가 이제 막 출시된 터라, 우리는 이 프로그램을 최대한 효과적으로 활용하는 방법을 아직 잘 몰랐다. 그런 다음에 우리는 자금을 유치하기 위해 나섰고, 한 번에 투자자 한 명씩 만나서 설득했다.

우리는 인터벤션 심장 전문의들에게 접근했다. 그들이야말로 우리를 이해하고 높이 살 만한 청중이라고 판단했기 때문이다. 그 당시는 풍선 혈관확장술 및 혈관 스텐트와 관련된 신기술이 시장에서 폭발적으로 성장하던 시기였다. 이들은 엄청난 돈을 벌고 있었고, 또 다른 혁신적인 기술에 관심을 보였다.

이들 의사들은 우리의 사업에 대한 자신들의 견해를 확실하게 밝혔다. 대개 그들의 반응은 좋아하거나 싫어하거나 둘 중 하나였다. 호불호가 분명했다. 어떤 의견이든 간에 우리는 그들의 견해와 조언을 반영해서 스토리를 더욱 강화했고, 미팅을 거듭할수록 스토리는 더욱 더 파워풀해졌다.

마침내 필요한 자금을 다 모은 우리는 복잡한 기기들의 '부품들'을 다양한 수술과 시술을 통해 테스트해보기로 했다. 이러한 검증을 통해 보다 큰 그림의 스토리에서 신뢰를 주려는 것이 우리의 계획이었다. 하지만 우리는 그 단계에 도달하지 못했다. 삽입 가능한 핵심 기기 중 하나는 임시 혈관을 위해 설계되었다. 우회술을 위한 정맥 이식vein graft을 뒷받침하기 위해서였다.

이 기기는 매우 효과가 좋았다. 이 기기의 효과에 대한 소문은 미네소타의 한 대기업에까지 퍼졌다. 이 회사의 기존 수술 절차에 이런 기기를 활용하면 큰 도움이 되는 상황이었다. 이 회사는 우리에게 엄청난 액수를 제시했고, 바스큘라 사이언스VASCULAR SCIENCE는 설립 3년 만에 인수되었다. 이 과정에 참여한 청중도 자신이 투자한 금액의 약 14배에 달하는 수익을 거뒀다.

당신의 아이디어는 관심을 끌기에 충분한가

예술은 창의성과 관련이 있다는 사실은 모두가 알 것이다. 그런 예술은 '연습한다practice'는 뜻을 내포하고 있다. 내포된 뜻에 따르자면, 그저 연습하는 것에 불과하므로 사실상 그 누구도 예술에 대해 옳고 그름을 판단해서는 안 된다.

하지만 우리들의 연습은 어떠한가? 사람들은 우리가 연습하는 일을 두고 얼마나 잘해내는지에 관해 마음껏 비판을 한다. 당신은 좋고 나쁨에 대한 청중의 평가를 당연하게 받아야만 한다.

예술가의 예술은 분명한 시작이 있지만 끝은 없는 경우도 있다. 모든 연습이 그렇듯이 계속 하고자 하는 의지만 있다면 지속할 수 있는 것이다. 다만, 시간과 연습을 거쳐 진화하고 변화한다 하더라도 반드시 더 나아지는 것은 아니다.

사업가주의의 예술은 딱 한 가지만 제외한다면 예술과 마찬가지다. 바로, 사업가가 펼치는 예술은 사업의 여정 동안 점점 더 나아져야 한다는 사실이다. 그렇지 않으면 낭떠러지에서 심연으로 추락할지도 모른다.

더 나아진 바가 없는 사업이 일말의 반응을 얻을 수도 있겠지만 그 반응이란 더 이상 아무런 영향도, 가치도, 신빙성도 남아 있지 않은 것이다. 우리는 누군가에게는 예술이 다른 사람에게는 쓰레기일 수도 있다는 사실을 깨달아야 한다.

사업가주의의 예술은 대다수의 기존 예술 형태와는 상당히 다르다. 사업가주의 예술은 직접적이고 가시적이며 때로는 즉각적인 결과를 야기한다. 또한 사업가주의 예술은 성공과 실패가 공존하는 세계에 존재한다.

성공과 실패의 정의에 관해서 논할 수도 있겠다. 성공과 실패에 대한 나의 정의는 시간이 흐름에 따라 점차 달라졌을 뿐 아니라 당신의 정의와는 사뭇 다를 가능성이 크다.

성공과 실패에 대해 논할 수 있는 결과들은 사업가의 마음속에만 존재하는 것이 아니라 가시적이고 견고한 현실 안에 실재한다. 지난 경험으로 말미암아 나는 실패를 먼저 경험하지 않고서는 진정한 의미의 사업가가 될 수 없다고 결론 내렸다. 실패와 실패의 위협, 심지어 실패에 대한 두려움까지도 우리가 사업의 구성요소를 다루는 방법을 변화시킬 수 있다. 이는 우리가 사업을 알리는 방식까지도 바꿀 수 있다.

당신의 예술을, 당신의 사업을 지속적으로 연습하는 데 있어서 실패 또는 실패 가능성이 방해가 되도록 내버려두지 마라. 실패를 소중하게 여기고 실패로부터 배워라. 그리고 실패를 발판 삼아 더 나은 사업가가 되어라.

왜 당신의 사업에 관심을 가져야 하는가?

●● 자, 그럼 시작해보자. 사업에 있어 스토리텔링이란 무엇일까? 어떤 이들은 단어 그대로 그저 사업 이야기를 들려주는 것에 불과하다고 여긴다. 정말 그럴까?

어떤 이유에서건 실제 사건에 관해 다시 이야기하는 경우를 제외하면 아직 일어나지 않은 일들, 일어날 수도 있었던 일들,

일어났어야 하는 일들, 또는 결코 안 일어날지도 모르는 일들이 포함된다.

사업이 실제로 현실화될 즈음, 나는 대개 또 다른 이야기를 시작한다. 더 큰 다음 단계로 듣는 사람을 인도하기 위한, 더욱 보강된 이야기를 들려준다.

나는 사업을 스토리텔링하여 성공시켜왔다. 그 결과 나는 스토리텔링이야말로 성공하는 사업가가 갖춰야 할 필수 요소라고 생각하게 되었다.

아직 탄생하지는 않았지만, 탄생할 수도 있고 반드시 탄생해야만 하며, 그럼에도 불구하고 결코 현실화되지 못할 가능성도 있는, 새로운 모험이자 벤처ad-venture에 관한 이야기를 어떻게 하면 효과적으로 잘 전달할 수 있을까?

이는 마치 낯선 사람에게 자신의 꿈이나 이상에 대해 설명하는 것과 비슷하다. 당사자에게는 생생한 현실처럼 느껴지고 흥미롭고 큰 의미가 있지만 다른 사람들은 그걸 이해하기가 어렵다.

당신이 당신의 사업 이야기를 사람들에게 들려준다 한들 과연 그들이 당신에게 관심을 가질 이유가 있을까?

오로지 당신 자신만이 당신의 사업을 이해하고 믿고 있다면, 어느 시점에 다다르면 모든 게 다 무너질 확률이 높다.

어떻게 하면 사람들이 캠프파이어 옆에 모여들어 당신이 다음에 무슨 이야기를 들려줄지 기대하게 할 수 있을까? 그들이 이야기에 계속 귀를 기울여야 하는 이유는 무엇일까? 이에 관해서는 다음 장들에서 보다 자세히 살펴보도록 하겠다.

나는 정식으로 경영과 관련된 교육을 받은 적이 없다. 그러니 당연히 MBA 학위도 없다. 누가 나한테 이런 책을 쓸 자격을 준 것도 아니다. 너무 자신만만하게 들릴지도 모르지만, 나는 내가 스스로 그런 자격을 얻었다고 생각한다.

이 책을 구입한 독자들은 나의 경험과 제안, 익숙하지만 상당히 쓸모 있는 조언을 통해 사업가로서 본인의 여정에서 스토리텔링이 얼마나 중요한지를 깨닫게 될 거라 믿는다.

나의 약력을 보면 알 수 있듯이 나는 여러 스타트업을 성공적으로 운영해왔고 동시에 여러 직함을 가지고 있으며, 다른 여러 기업의 이사회 멤버이자 고문advisor이며 컨설턴트다. 여러 기업의 창업자이자 발명가이며, 엔젤 투자자(angel investor, 초기 단계의 벤처기업에 투자하는 개인투자자)이자 앞서 정의한 대로 사업가다. 또한 누군가의 아버지이자 아들이며, 남편이고, 바이커이자 럭비 선수다.

하지만 나는 다른 어떤 명칭보다 스타트업 CEO로 불리는 편을 선호한다. 당신이 이 책을 다 읽었을 때쯤에는 훌륭한 스토리텔러로 인정받고 싶은 내 소망을 더욱 잘 헤아려줄 거라 믿는다.

사람들이 당신의 사업에 계속
귀를 기울여야 하는 이유가 무엇인가?

'사업가로서 나'를 어떻게 포지셔닝할 것인가

당신이 실제로 어떤 사람인지 곰곰이 생각해보라. 앞서 언급한 사업가 유형들을 다시 읽어보는 것도 좋겠다. 하지만 그보다 더 중요한 것은 아래의 질문에 관해 고민하는 것이다.

- 당신은 사람들에게 어떤 사람이어야 하는가
- 사업가로서 당신을 어떻게 포지셔닝할 것인가

사업가로서 당신의 길을 걸어 나가는 동안, 당신의 사업은 계속 변화하게 될 것이다. 또한 당신의 사업을 들을 사람들뿐만 아니라 당신 자신도 지금과는 달라질 것이다.

자기 자신에게 진실하고 솔직해져라

●● 따라서 지금 이 순간 당신은 자신이 어떤 사람인지 깊이 생각해보아야 한다. 사람들은 당신을 어떻게 생각할지, 그리고 얼마나 멀리까지 이 길을 걸어가고 싶은지에 관해 생각해보는 것은 상당히 중요하다. 나의 가장 훌륭한 최고운영책임자Chief Operating Officer, COO이자 둘도 없는 친구는 내게 이렇게 묻곤 했다.

"자네는 무엇을 할 준비가 되어 있나?"

명심하라. 사업가가 되려면 끊임없는 연습이 필요하다. 더 나아지기 위해서, 앞으로 나아가기 위해서, 그리고 성공이라는 목표를 이루기 위해서다.

자기 자신에게 정말로 진실하고 솔직해져야만 한다. 외부의 시선과 압력 때문에 당신 자신을 꾸며내거나 타협하지 마라. 이것이 바로 사업가가 처음으로 마주하게 되는 도전과제다. 공학이나 금융, 경영을 전공했는지 여부는 아무런 문제가 안 된다.

어쩌면 독자들 중에는 혼란스러운 첫 학기를 보내고 나서 대학을 자퇴하기로 결심한 사람이 있을지도 모른다. 그래도 전혀 상관없다. 당신은 여러 목표를 수립해야 한다.

결과적으로 그 목표들은 당신의 사업이 궤도에 접어들어 전문 경영인을 영입할 필요가 생기기 전까지 당신이 얼마나 멀리까지 나아갈 수 있는지를 결정할 것이다.

우리 중 대다수는 기업의 탄생에서 소멸에 이르는 여정 전체를 함께하지는 못한다. 그러므로 자기 자신에게 상당한 규모의 기업을 어느 수준까지 이끌어나갈 만한 불굴의 의지 또는 욕구가 진짜로 있는지를 확인하기 위해서 자기 탐구를 해야 한다. 또한 이를 초창기부터 주변에 널리 알리는 것이 좋다(최소한 자기 자신의 정신 건강에 도움이 된다). 이런 개인적 이슈들을 사업가로서 당신의 스토리 전반에 담아내는 것이 중요하다.

피터의 원리

●● 캐나다의 학자인 로렌스 J. 피터Laurence J. Peter 박사는 저서 『피터의 원리THE PETER PRINCIPLE』에서 '사람들은 조직 내에서 결국 자신의 무능력이 드러나는 단계

까지 승진하는 경향이 나타난다'고 지적한 바 있다. 즉 자신의 능력을 넘어서는 직위까지 올라가게 된다는 것이다.

이런 현상은 거의 모든 사람에게 적용된다. 한번 생각해보라. 정도의 차이는 있겠지만 우리 모두는 한정된 경험과 능력, 욕구를 지닌다. 그렇기 때문에 기업은 계속 성장하는데 이를 경영할 만한 우리의 능력과 자격이 한계에 부딪치거나, 계속 경영하고픈 욕구를 잃어버리는 시점에 다다르게 된다.

나는 성격상 후자의 경우에 해당되곤 한다. 초창기 사업 콘셉트 단계에서부터 상업화에 이르기까지 여러 기업을 키워냈으나, 기업이 일정 수준의 규모에 이르게 되면 때때로 벽에 부딪친 것 같은 기분이 들었다.

이 단계에서는 더 이상 창의적인 무언가가 필요치 않고, 자신이 옳다는 것을 증명하는 과정에서 느끼는 스릴과 도전 정신도 사라지게 된다. 일상적인 경영 업무를 수행하다 보면 뭔가 새로운 것을 만들어내고 싶다는 생각이 자질구레한 업무 처리에 안주하려는 관성을 넘어설 때가 온다.

나는 실제 경험에서 우러난 경험을 활용하여 이 책 전반에 걸쳐 다양한 사례를 제시했다. 성공을 맛보기도 했으며 때론 실패하기도 했다. 이런 사례들은 진정한 사업가주의의 좋은, 나쁜,

그리고 추한 측면을 반영한다.

성공처럼 좋은 일만 경험한 행운아들도 있겠지만, 대다수의 사람들은 실패처럼 나쁜 일에 대한 경험도 피할 수 없다. 그리고 이 업계에 오래 종사하다 보면 때로는 추한 일도 목격하게 될 것이다. 자신의 사업이 연옥에서 생사의 기로를 넘나드는 상황 같은 것 말이다. 이 세 가지 모두에 대처할 수 있는 준비 태세를 반드시 갖춰야만 한다.

그리고 사업을 하다 보면 한 가지 사업에서 다른 사업으로 가지를 뻗치게 되거나, 새로운 사업을 구상하게 되기도 하는데 이러한 때에 자신의 예전 경험과 사례들을 다른 방식으로 엮어 사람들에게 사업을 알릴 줄도 알아야 한다.

이 책 말미에 수록된 경력에서도 알 수 있듯이 나는 창업자 또는 공동 창업자로 여러 스타트업 벤처에 참여한 바 있다. 스토리를 성공적으로 전달하는 임무를 맡은 스타트업 CEO이기도 했다.

나는 좋은, 나쁜, 그리고 추한 일들을 경험했고 그 속에서 꿋꿋하게 살아남았다. 하지만 그에 대한 대가 또한 톡톡히 치러야만 했다. 결혼에 두 차례 실패했고, 우정을 잃어버렸고, 극심한 스트레스로 인해 심신이 시달렸다. 수년 동안이나 내 아이들이 자라나는 모습을 곁에서 제대로 지켜보지 못했고, 즐겁고 재미있는 일을 할 수도 있었을 텐데 수천 시간을 일만 하면서 보내야 했다.

새로운 사업을 시작하고 다른 사람들을 돕기 위해 자기 자신의 행복을 희생하겠다는 결단을 내리는 건 결코 쉽지 않다. 누구나 그런 선택을 할 수 있는 것은 아니다. 나는 여가 시간을 활용하여 작년에 또 다른 새로운 사업에 착수했다. 이와 동시에 글로벌 의료기술 회사의 CEO로 일하고 있으며, 네 개의 이사회에 참여하고 있다. 또한 소설 책 두 권을 집필했다. 진정한 사업가는 보통 사람들과는 다르다. 때로는 사서 고생하는 것을 마다하지 않는다!

결단의 순간

●● 사업가들은 중요한 결단의 순간을 마주하게 될 때가 있다.

사업을 성공시킬 경우, 지속적으로 성장시키고 확장할 것인가? 사람들이 자신을 끌어내리기 전까지는 기를 쓰고 자기 자리를 지킬 것인가?

사업이 실패할 경우, 이제 그 짜릿함과 자율성을 경험해봤고 실수를 통해 깨달음을 얻었으므로 전열을 재정비하여 새로운 사업을 시도할 것인가?

사업이 인수될 경우, 상상을 초월하는 보상을 거두고 나면 호기롭게 가슴팍을 두드리며 사람들이 건네는 칭찬과 인정을 즐길 것인가?

모든 사람들이 당신이 미다스의 손을 지녔다고 이야기하는 때가 오면, 더욱 규모가 큰 기업을 이끌어달라는 제안을 받아들일 것인가? 아니면 자신의 수익을 챙긴 다음 다시 한 번 시도해볼 것인가?

이런 질문들에 대해 아마도 우리는 자기 인생에서 각각의 시기마다 각기 다른 대답을 내놓게 될 것이다. 그러나 어떤 결정을 내리건 간에, 결과를 바탕으로 당신 자신에 대해 다른 방식으로 다시 사람들에게 들려주어야 한다. 성공이 되었건 실패가 되었건, 어떤 경우의 수에 놓이든 당신의 경험과 사례, 이야기를 점점 쌓아나가고 이를 사업에 적극 활용하라.

사업가로서 당신이 어떤 사람인지, 당신의 이야기를 어떻게 들려줄지 확실히 정해두어라.

당신 자신에게 솔직해져라.

당신의 정신과 영혼을 위해 어떤 것이 옳은지를

진정으로 아는 사람은 당신 자신밖에 없다.

외부의 압력 때문에

당신이 진짜 어떤 사람인지에 관해 타협하지 마라.

피터의 원리에 희생되지 마라.

그러면 결국 쓰디쓴 실패만을 경험하게 될 것이다.

두서없는 아이디어는 어떻게 사업으로 발전하는가

당신을 최선으로 이끄는 사람을 곁에 두어라

당신이 처음으로 사업에 대해 다른 사람들에게 들려주었을 때 그들의 반응은 아마도 둘 중 하나일 것이다. 진짜 멋진 사업 아이디어라고 찬사를 아끼지 않거나("천재적이야!"), 완전히 터무니없다는("말도 안 돼!") 반응을 보일 것이다. 아직 사람들에게 들려줄 만큼 사업 스토리가 완벽하게 다듬어지지 않은 상태이기 때문에 대부분의 사람들은 이 두 가지 경우 중 하나에 해당되겠지만, 다정한 배우자는 어쩌면 "음… 그래?"라는 반응을 보일지도 모른다.

이 시점에서는 아직 사업 디테일 하나하나를 심사숙고해둔 상태는 아닐 것이다. 또한 후크를 걸고 이를 유지하는 데 필요한 요소들이 전부 마련된 상황도 아닐 것이다.

당신은 아마도 아주 잘 아는 사람에게 처음으로 당신의 사업에 대해 이야기하게 될 것이다. 그러니 당신의 초창기 청중은 가족이나 친한 친구가 될 확률이 높다. 일반적인 인간관계의 속성을 감안하면, 그들은 당신을 지지하고 보호하고자 할 것이다.

따라서 그들은 당신이 자신의 아이디어를 더욱 발전시킬 수 있도록 격려할 것이다. 아니면 쓰라린 실패를 경험하고 패배의 고통을 겪지 않도록 처음부터 당신을 단념시키려고 할 것이다.

당신의 사업에 대해 믿음이 없는 사람들에게 사업을 표현할 때는 다음의 두 가지를 기억할 필요가 있다. 일단 당신이 그들에게 첫 번째로 들려줄 사업에 관한 이야기는 사업의 진화 과정에서 틀림없이 가장 불완전하고 두서없는 이야기일 것이다.

둘째, 당신은 이 사람들에게 처음으로 당신의 아이디어를 '바이 인'(buy-in, 아이디어에 대한 지원 또는 동의)해달라고 요청하게 될 것이다. 여기서 '바이 인'의 의미는 개인 수표를 써주는 등의 금전적인 지원에 국한된 것이 아니다.

감정적인, 때로는 스트레스로 가득한, 심지어 인생을 송두리째 변화시킬 수도 있는 당신의 여정에 동참해야 한다는 것을 의미한다!

그들은 대개 당신이 이제 막 올라타려는 롤러코스터에 함께 타고 싶어하지는 않을 것이다. 하지만 애정과 혈연관계는 당신이 앞으로 다른 사람들을 위해 만들어낼 그 어떤 후크 또는 홀드보다도 훨씬 더 진하고 끈끈하다. 아이러니하게도, 이런 초창기 청중은 당신이 앞으로 사업을 얼마나 완벽하게 만들어나가는가에 관해서는 그다지 관심이 없을지도 모른다. 그들의 참여 동기는 당신이 향후에 만나게 될 청중과는 사뭇 다를 것이다.

가장 든든한 지원군이 되거나, 강력한 적이 되거나

당신이 사업에 대해 처음 말하고 표현하는 가까운 사람들은 당신이 가장 상대하기 어려운 청중이자 가장 신랄한 비평가이기도 하다. 하지만 힘들 때나 좋을 때나 변함없이 당신의 곁을 지켜줄 것이다.

당신은 일단 열정과 열의로 그들을 사로잡을 테고, 그들은 오랜만에 당신이 활기로 가득 찬 모습을 보게 될 것이다. 이 여정 동안, 기대감이 최고조로 부풀려진 시기와 환상이 깨져서 바닥을 치는 시기를 거치면서 당신은 그들에게 최고의 모습과 최악의 모습을 보여주게 될 것이다.

그 모든 과정을 견뎌내고 관계가 지속되는 경우도 있겠지만, 그렇지 않은 경우도 많을 것이다. 당신은 정신을 똑바로 차리고 자제할 필요가 있다.

상대방이 먼저 물어볼 때만 사업의 진전 상황에 대해 알려주어라. 그렇게 하지 않으면 수많은 세부사항을 잔뜩 늘어놓아서 그들을 질리게 만들 수도 있고, 그들의 기대감을 지나치게 높일 수도 있다. 또한 그들이 원하지 않는데도 억지로 소매를 잡아끌어 이 여정에 동참시킬 수도 있다.

가까운 사람이라고 해서 시시콜콜한 생각의 발전 과정을 모두 이야기했다가는 신뢰를 전혀 얻지 못할 것이다. 주변 사람들이 당신에게 던지는 반복된 불신은 자신감을 갉아먹는 역할만 할 뿐이다. 항상 신중하게 행동하라.

룸메이트, 동료, 이웃, 같은 반 친구, 술친구, 팀원 등 친구들과 당신은 무언가를 공유하기 때문에 서로의 친구가 된다. 하지만 그들이 더 이상 우리와 공감할 수 없게 되면 우정이 깨지기도 한다.

우리의 인생이 그들과는 상당히 다른 방향으로 흘러가게 되었기 때문이다. 우리가 이뤄낸 중요한 업적이 그들에게는 아무런 상관이 없을 수도 있고, 우리가 지닌 무언가가 그들의 질투심이나 부러움을 불러일으킬 수도 있다.

당신도 알다시피 친구들에게는 사업에 대해 들려주기가 수월하다. 그렇게 정교하게 다듬어지거나 심사숙고한 상태가 아니라도 괜찮다. 친구 좋다는 게 뭔가. 친구들은 우리의 이야기에 귀를 기울여준다!

하지만 당신이 매번 자신의 이야기만 늘어놓고 꿈 타령만 한다면 친구들과 가장 깊은 공감대를 형성했던 것들을 서서히 잃어버리게 될 것이다. 이런 연유로 사업가들은 좋은 친구들을 유지하는 데 어려움을 겪는다. 따라서 친한 친구들에게 사업에 대해 얼마나 많이, 얼마나 자주 이야기하는가와 관련하여 주의할 필요가 있다.

많은 기관 투자자들은 사업가에게 가족과 친구들한테서 초기 자금 투자를 받으라고 적극적으로 권유하는데, 이 역시 신중해야 한다. 때로는 필요에 의해 그렇게 해야만 하는 경우도 있기는 하지만, 사업가가 높은 산꼭대기와 깊은 골짜기를 헤쳐 나가는 여정 동안 심신의 건강을 지키기 위해서는 굳건한 인간관계가 중요하다.

지나치게 반복적으로 이야기하거나 가장 가까운 사람들에게 사업에 대해 들어달라고 강요하게 되면 핵심적인 인간관계를 망쳐버릴 수도 있다. 그런 행동이 일상적으로 되풀이되면 인간관계가 건강하게 유지되는 데 부담과 압력을 줄 수도 있다.

사업은 사람들과 함께 진화해야 한다

●● 나는 내 절친한 친구 마이크에게 사업에 대해 들려주며 사업을 구체화시킬 수 있었다. 마이크에게 사업에 대해 들려줄 당시만 하더라도 그 사업은 머릿속에 구상만 한 상태였기 때문에 정교하지 않았다. 하지만 그 분야에 전문지식을 가진 친구 마이크가 던지는 질문들은 내가 무엇을 준비해야 하는지 확실히 알 수 있게 했다.

미네소타 대학의 몇몇 의사들과 초기 투자자들이 새로운 의료기기 회사를 설립할 계획이라며 나에게 도움을 요청한 적이 있다.

나는 그 회사의 콘셉트를 완전히 이해하기 위해 노력 중이었다. 그들은 최초로 자기공명영상장치MRI scanner가 구비된 수술실을 개발하고자 했는데, 연구는 아직 초기 단계였다. 마그넷 보어

(magnet bore, MRI를 찍을 때 환자가 들어가 검진을 받는 원통)에서 뇌수술을 할 수 있도록 하려는 생각이었다. 이런 콘셉트를 실현하기 위해서는 강력한 자기장 내에서 안전하게 작동할 뿐만 아니라 자기공명영상장치의 이미징imaging 기능과도 인터페이스가 되는 특별한 기기가 필요했다.

이 사업에 대해 내가 머릿속으로 구상하고 있을 무렵, 친구 마이크한테서 전화가 걸려왔다. 이제 막 매각한 회사에서 얼마 전까지 최고운영책임자COO로 나와 함께 일했던 친구였다. 매각보다는 투자 회수exit라고 하는 편이 더 나을 것이다.

우리는 경영팀을 해산했고, 많은 동료들이 다른 기회를 찾아 떠났다. 하지만 마이크는 잠시 휴식을 취하며 차기 벤처에 관해 심사숙고하던 중이었다. 그는 내가 어떤 계획을 세우고 있는지 알아보려고 전화했던 것이었다. 나는 가족과 함께 플로리다로 이주할 예정이고, 이 신생 기업도 그곳에서 추진해볼 생각이라고 말했다.

마이크가 제안한 대로, 다음 날 아침 일찍 세인트폴에 있는 그의 집에 들러서 커피 한 잔을 같이 마시기로 했다. 마이크가 김이 모락모락 나는 뜨거운 커피가 가득 담긴 주전자를 내려놓았고, 나는 내 사업의 핵심적인 부분에 관해 설명하기 시작했다.

"미래의 수술실은 이런 모습일 거야. 자기공명영상장치의 개방된 한쪽 끝에 수술 구역을 마련하고, 의사들은 실시간으로 모든 기능 영역을 시각화하면서 뇌수술을 실시할 수 있을 거야. 나는 약간의 진정제가 투여된 환자가 MRI 기기 안에 누워 있는 동안 의사가 뇌종양을 제거하는 걸 직접 봤어.

의사는 커다란 종양을 제거해낸 자리 주변에 아직 남아 있는 작은 암세포 덩어리들에 집중해서 다시 한 번 스캔을 했지. 그런 다음에는 변형된 비강자성(non-ferromagnetic, 외부 자기장에 의해 자화磁化된 후 자기장을 없앤 후에도 일정 시간 자성을 유지하는 성질을 강자성ferromagnetic이라 하므로, 비강자성은 이러한 성질이 없다는 것을 의미함) 도구를 활용해서 남아 있는 암세포들을 뽑아냈어.

그 의사는 이 작업을 리소토risotto에서 후추 알갱이를 골라내는 것에 비유하더군. 마그넷 보어에서 불과 6인치 위에 설치된 화면에 강조 표시가 되어 있었지."

마이크는 가장 훌륭한 첫 번째 청중이었고, 내 이야기를 기꺼이 들을 자세를 갖춘 친구였다. 내 머릿속에서 이제 막 구체화되고 있는 생각을 처음으로 털어놓는 것이었기 때문에 아직 스토리가 완벽하게 다듬어지지 않은 상태였다.

그런데도 그는 충분히 이해해줬다. 또한 관련 지식도 풍부했기 때문에 그는 나에게 커피를 세 잔째 따라주면서 궁금한 사항들을 물어보고 더 많은 정보를 요청했다. 어떤 기기들을 설계해야 하는지, 자료에 나와 있는 환자들의 상태는 어떤지, 핵심 변곡점에 도달하기 위해서는 자금이 얼마나 필요한지, 그리고 최종적으로 개발된 제품들을 상업화하는 데 필요한 규제 당국의 승인 절차 과정 등에 관해 물어보았다.

아직 머릿속으로 구상 중이었기 때문에 기초적인 답변밖에 해줄 수 없었지만, 마이크는 이미 내가 이 사업을 확장할 수 있도록 돕고 있었다. 그렇게 한참 대화를 나누다가 마이크는 문득 내게 이렇게 말했다.

"이봐, 나도 끼워줘. 이 회사를 어디에서 설립할 거라고?"

생각지도 못했던 일이 일어난 것이다. 커피 한 주전자를 다 마실 동안 나는 그에게 후크를 걸고 이를 유지했을 뿐 아니라, 마침내 그로 하여금 이 여정에 동참하도록 만들었다. 정신적으로나 육체적으로나 결코 쉽지 않은 여정이 우리 앞에 놓여 있었다. 수개월 후, 마이크와 그의 아내는 미네소타의 집을 팔고 나를 따라서 플로리다로 이주했다.

당신의 사업은 당신 자신뿐만 아니라

사람들과 함께 진화하고 성숙해져야 한다.

사람들에게 당신의 사업에 관해 이야기하고,

어떤 반응을 보이는지를 살피고,

그들의 조언과 제안에 귀를 기울여라.

그들의 도움을 받아 사업을 더욱 세밀하게 다듬고

조정하라.

사업가가 갖추어야 할 필수 3요소

사업가에 관한 책은 셀 수 없이 많다. 심지어 오로지 사업에 관해서만 다루는 잡지와 텔레비전 프로그램도 있다. 마치 모든 사람이 자신이 하던 일을 그만두고 사업가가 되기라도 하겠다는 것처럼 보일 정도다.

그러나 모두 리더가 되려고만 하면 리더를 뒷받침해줄 팔로어follower가 없을 것이며, 모두 설계자가 되려고만 하면 설계자를 도와 건물을 지을 사람들이 없을 것이다. 여기에서는 사업가가 지녀야 할 가장 핵심적인 요소에 초점을 맞추고자 한다.

무無에서 최상의 가치가 되기까지

●● 한 국가를 건립하고 만든 초창기 사람들을 떠올려보자. 그들은 개척 활동, 농업, 산업화, 제품 생산 · 홍보 · 판매 등 위험을 감수해야 하는 일들을 이루어냈다. 그들은 다른 사람들의 참여를 이끌어냈다. 같은 것이라고는 언어 외에는 딱히 없을 사람들을 한데 모으고 이끌어 최상의 가치를 지닌 것들을 창조해냈다. 단지 언어를 매개로 해서 말이다. 그들의 언어는 거대한 세상이 되었고 또 다른 이야기들을 창조했다.

나는 야심이 얼마나 크건 작건 간에 말과 언어를 엮어 이루어낸 이야기가 보편적이고도 아주 중요한 가치를 지닌다고 굳게 믿는다. 내 안에 있는 것들을 다른 사람이 알도록 한다는 것은 우리의 인생에 있어 반드시 필요한 예술이다.

그것이 얼마나 훌륭하고 효과적인지는 현실화를 어느 정도로 시킬 수 있는지, 얼마나 멋진 일들을 실제로 일어나게 할 수 있는지, 그리고 영향력을 통해 얼마나 부를 창출할 수 있는지에 따라 좌우된다.

사업의 탄생, 넛지

사업은 불꽃spark이 아니라 넛지nudge에서 시작된다. 아이디어의 불꽃, 즉 어떤 문제를 해결하거나 신규 서비스를 제공하는 등 새로운 생각이 불현듯 떠오르는 것을 두고 사업이라 착각해선 안 된다. 그 불꽃은 그저 생각에 그칠 뿐이다. 머릿속 한구석에서 어떤 생각이 몽글몽글 형성되는 것이다. 그 생각은 한동안 그 자리에 그대로 머물러 있을 수도 있고, 자라나거나 변화할 수도 있으며, 때로는 정체할 수도 있다.

그것만으로는 안 된다. 실제로 사업이 꽃 피우는 데는 넛지가 필요하다. 그 일에 관해 무언가 행동을 취하는 것이다. 넛지는 당신의 생각을 글로 정확히 적어보거나 친구 또는 배우자에게 설명하고 싶은 강한 욕구일 수도 있다. 또는 기존 관행에 질려서 당신만의 해결책을 찾아내려는 개인적 필요가 넛지가 될 수도 있다.

당신의 내면에 깊이 묻혀 있던 불꽃을 끄집어내서 말이나 글로 표현하여 세상으로 꺼내는 바로 그 순간, 당신의 사업 이야기는 시작된다.

당신도 넛지를 경험한 적이 있는가? 그런 경험을 하게 되면 즉시 알아차릴 수 있다. 그 출처가 어디인지도 알게 된다. 다른 사람에게 당신의 사업에 대해 최초로 입 밖으로 꺼내는 순간, 사업가로서의 여정이 시작된다.

당신 내면에 잠재되어 있던 사업은 어떤 형태로 표현될 것인가? 그것을 접한 사람들의 반응은 어떨 것인가? 사람들의 반응을 접한 당신의 반응은 어떨 것인가?

당신 안에 있던 위대한 씨앗은 당신이 상상하던 형태 그대로 표현되고, 사람들의 반응을 얻을까? 그대로 행동을 취해도 좋을 정도의 관심일까?

관심을 끄는 후크 제시하기

●● 당신의 이야기는 미끼다. 사람들이 흥미를 느낄 만한 것을 제시해서 일단 관심을 사로잡고, 그런 다음 사람들을 매혹시키는 것이다.

제대로 된 미끼 없이 낚을 수 있는 물고기는 별로 없다. 사업에 있어서도 마찬가지다. 사람들의 불러 모아 끌어들이기 위해서는 예리한 후크hook가 필요하다. 사람들의 관심을 사로잡고 이를 지속시킬 '그 무언가' 말이다.

그게 없다면 당신의 사업에 관심을 가질 사람들이 아예 없을 수도 있다. 혹은 다시 스파크 단계로 줄어들어 버릴 수도 있다. 미처 제대로 타지도 못하고 흔적만 남은 잉걸불이 되어버리는 것이다!

너무 걱정할 필요 없다. 후크를 찾는 것은 어렵고 고되지 않다. 대개 후크는 바로 눈앞에 있기 때문이다.

애초에 해결책을 찾아내고자 한 이유는 무엇인가? 왜 기존의 무언가가 문제라고 생각했는가? 잘은 몰라도 틀림없이 뭔가가 잘못되었고, 개선이 필요하다는 사실을 깨닫게 되는 계기가 있었을 것이다. **왜 그게 틀렸는지, 어떻게 그걸 바로잡고 싶은지를 설명해보라!**

제대로 된 미끼 안에 후크를 잘 끼워두는 것이 중요하다. 다시 말하지만, 적당한 미끼나 루어 없이 낚을 수 있는 물고기는 별로 없다. 스토리가 바로 미끼이며, 후크는 사람들이 미끼를 물었을 때 그들을 낚아챌 수 있는 도구다. 미끼는 스토리가 전달하려는 내용이다. 당신이 지적한 문제점에 대한 해결책에 사람들이 관심을 갖거나 그 해결책의 가치를 인식해야만 후크가 제대로 걸린다. 매력적인 미끼인지 아닌지 판가름이 난다.

예를 들어보자. 누군가 신장腎腸을 건강하게 해주는 영양제를 개발했다고 이야기한다면 아마도 사람들은 그다지 관심이 없을 것이다. 관심을 갖는 사람도 있겠지만 적어도 나를 포함한 다수의 사람은 아닐 것이다. 이미 사람들은 여러 건강 보조식품을 챙겨먹고 있으니까. 이미 약국 선반에는 신장 건강을 돕는 영양제들로 가득하니까.

하지만 만약 이 영양제를 챙겨먹은 뒤 소변 색깔에 따라 신장의 건강 상태를 알아챌 수 있다면 어떨까? 평소 건강 상태가 좋은 날에는 소변 색깔이 노란색인데, 신장염에 걸릴 가능성이 높아지고 단백뇨 수치가 상승할 경우에는 소변 색깔이 초록색으로 변한다고 가정해보자. 그러면 나는 귀를 쫑긋 세우고 경청할 것이다. 낚시에 관한 비유를 계속 이어가자면, 나는 입을 크게 벌리고 아가미를 한껏 열 거다!

내가 주로 커리어를 쌓아온 의료계에서 가장 결정적인 후크는 그간 충족되지 못했던 임상적 필요를 충족시켜주는 해결책을 제공하는 것이다. 나의 청중인 의료기술 업계의 벤처, 개인 및 기업 투자자들은 이 후크를 제시하기 전까지는 내 말에 그다지 관심을 보이지 않는다.

내가 아무리 훌륭한 미끼와 릴, 낚싯대와 낚싯줄을 지니고 있다 하더라도, 먼저 후크를 걸기 전까지는 그 물고기를 잡을 방도가 없다. 즉, 사람들의 관심을 사로잡을 방법이 없다. 일단 사람들의 관심을 끄는 데 성공해서 그들이 미끼를 물게 되면, 이제는 후크를 제대로 걸어서 그들을 사로잡아야 한다.

- 사람들이 계속 귀를 기울여야 하는 이유는 무엇일까?
- 어떤 부분이 그들에게 쓸모가 있는가?

낚싯바늘에 단단히 걸린 물고기처럼, 이제는 전투를 치르게 된다. 앞뒤로 당겼다 풀었다 하며 낚아 올리기 위해 사투를 벌이는 것이다. 청중이 썰물처럼 빠져나가지 않도록, 그들의 관심을 지속적으로 사로잡아야만 한다. 그들을 당신의 배 위 또는 뭍으로 끌어올리기 위해서는 어떤 것들이 필요한지 판단해야 한다.

생각을 매력적인 현실로 만드는 스토리,
새로운 생각을 행동으로 취하는 넛지,
사람들의 관심을 사로잡는 후크,
당신은 무엇을 가졌는가?

도래할 미래를
구체적으로 알려줘라

당신에게 필요한 사람들의 관심사를 제대로 이해해야 한다. 또한 그들로 하여금 계속 이야기에 귀를 기울이게 하고 궁극적으로는 그 이야기의 일부로 참여하고 싶게 만드는 동기가 무엇인지를 파악해야 한다.

많은 사람들이 당신의 사업에 대해 열심히 듣고 대단한 열의와 공감을 표시할지도 모른다. 그러나 사람들을 후크에 건 채로 유지하고 그들이 당신 곁에 머물게 하는 비법을 터득하지 못하면, 사람들은 시간과 에너지를 할애해줘서 고맙다고 인사를 건넨 후 곧바로 다음 사람을 찾아가게 될 것이다.

낚시할 때 제대로 후크를 걸었는데도 결국 놓쳐버린 물고기가 정말 많지 않은가? 짧은 순간 좋은 기분이 스쳐지나갈 뿐 그 어떤 수확도 얻지 못한다. 사업가로서도 이와 똑같은 경험을 하게 될 것이다. 한순간 좋았던 기분만 곱씹으며 아무것도 가지지 못한 채 아쉬워만 하게 될 것이다.

'무엇'으로 '누구'를 향할 것인가

놓쳐버린 물고기의 수를 최대한 줄이기 위해, 최고의 어부들은 그들이 잡고자 하는 특정한 물고기에 관해 연구한다. 물고기마다 각기 다른 미끼에 매력을 느낀다.

미끼의 크기와 후크의 종류도 다양하다. 물고기마다 수면 아래 각기 다른 곳에 숨어 있기도 하며, 전투를 벌이는 방식도 제각각 다르다. 따라서 각기 다른 물고기를 낚아 올리려면 특별한 기술이 필요하다. 청중과 투자자 또한 이와 상당히 비슷하다.

내가 일하는 분야에서는 벤처 캐피털을 찾을 때 생명과학, 특히 의료기기 관련 기술에 투자한 적이 있는 모든 펀드의 웹사이트를 조사한다. 어떤 형태의 후크를 사용할지를 정하기에 앞서,

우리가 어떤 종류의 물고기를 잡으려는 건지를 먼저 파악할 필요가 있기 때문이다.

거의 모든 벤처 캐피털 펀드에는 운용 파트너managing partner 리스트가 있는데 여기에는 그들의 약력과 주요 거래에 대한 개요가 수록되어 있다. 또한 그들이 이사회 멤버로 있는 포트폴리오 기업 리스트가 들어 있는 경우도 있다.

이들이 다른 경쟁사의 기술에 대규모 투자를 하지는 않았는지 확인하는 것 또한 중요하다. 다른 미끼를 물어 후크에 걸렸다는 뜻이며, 대개 이런 경우에는 당신의 미끼에 그다지 관심을 보이지 않기 때문이다. 이미 다른 곳에 시간과 자금을 투자했기 때문에 그들에게 당신의 미끼는 상대적으로 매력이 떨어지는 것처럼 보일 수도 있다. 아니면 화려해 보이는 가짜 미끼로 간주될 수도 있다.

그렇다고 하더라도 호수의 같은 구역에서 이전에 후크에 걸린 적이 있는 잠재 투자자들을 겨냥해 낚싯줄을 드리우는 방안도 고려할 필요가 있다. 이는 그들이 특정 업계에 관심이 있고, 투자 의향 또는 전문지식을 가지고 있다는 뜻이다.

그곳이 바로 청중과 투자자가 편안함과 익숙함을 느끼는 영역comfort zone이다. 그들은 호수의 특정한 구역, 즉 특정 시장에 관한 스토리를 선호하며, 대다수는 당신의 사업에 대해 듣기 위해 기꺼이 시간을 할애할 것이다. 적어도 여기서 활동하는 그들은 다른 사람들이 이 호수를 어떻게 생각하는지에 관해 알려줄 것이다. 추천을 하거나 다른 사람들에게 소개해줄 수도 있다.

예를 들어보자. 내가 몸담고 있는 회사는 눈 안에 삽입 가능한 인공 수정체를 개발했고, 나는 이 개발품에 투자할 의향이 있는 투자자들을 찾아 나섰다. 이 개발품에 관심을 가지게 하기 위해 내가 사용한 후크와 전투를 살펴보라.

"좋아요. 우리는 지금 세계 최초로 전기 활성화electro-active방식의 삽입 가능한 자동초점 인공 수정체를 개발하고 있어요. 노화로 인해 백내장이 진행중인 수정체를 교체해서 노안을 교정하는 거죠. 백내장이 발병할 나이가 되기도 전에 근거리 시력을 잃을 수도 있거든요. 카메라의 자동초점 렌즈와 유사한 기능을 하는데, 이걸 눈 안에 삽입하는 거죠."

이렇게 나는 핵심 요소를 요약해서 전달한다. 이 핵심요소는 중요한 미끼가 된다. 이 짧은 요약에는 그간 시장에서 충족되지 못했던 필요를 충족시켜주는 해결책을 담고 있어야 한다. 나는 백내장 수술을 받았거나 조만간 받아야 하는 친척이 있는 모든 사람들에게 후크가 효과가 있기를 바라면서 개발품을 요약해 설명했다. 그런데 상대방이 개발품의 한계를 지적하며 의문을 품어 온다.

“지나치게 범위가 좁거나 한계가 있다는 말인가요? 좋은 질문입니다. 이 기술은 특정한 소규모 집단을 대상으로 하지요. 하지만 이 사업은 더 멀리까지 진화할 수 있어요. 이 특화된 소규모 집단을 사로잡아둘 뿐만 아니라, 더 확장되어 그보다 많은 사람들을 사로잡을 수도 있지요.

이 기술의 무선 통신 링크를 활용하면 수정체에 관한 정보를 전송하고 수신하며 저장할 수 있어요. 말 그대로 눈 깜짝할 사이에 사용자로부터 불과 몇 피트 앞에 홀로그램 전방투영장치heads-up display·HUD를 만들어낼 수 있지요. 삽입 가능한 수정체가 수신하고 수집한 데이터를 디지털 이미지로 제시하게 될 거예요.

상상해보세요. 이제 눈을 한 번 깜박이기만 하면 당신의 생리학적 데이터를 판독할 수 있어요. 혈당 수치, 혈압, 심박수, 심지어 일일 칼로리 소비량까지요. 삽입 가능한 전자 수정체를 활용해서 매순간 당신 눈앞의 장면을 복사하고 그 정보를 컴퓨터나 휴대전화로 무선 전송한다면 어떨까요? 전방투영장치로 전환해서 GPS 지도를 보여주거나 이메일 또는 텍스트를 통해 읽어볼 수 있다면요? 이 시스템은 마침내 그런 능력을 갖추게 될 거예요. 구글 글래스요? 그런 건 이제 필요 없어요. 이 삽입 가능한 수정체 기술만 있으면 웨어러블 디바이스wearable device는 곧 쓸모

없는 구닥다리가 되어버릴 테니까요."

사업은 진화한다

사업은 그 자리에 머물지 않고 진화한다. 당신은 그 진화의 단계를 간파하고 있어야 하며 도래할 미래의 모습을 사람들에게 전달할 수 있어야 한다.

이를 통해 당신은 초창기 청중initial audience의 관심을 지속시키고 확장시킬 수 있다. 더 나아가 해당 분야에는 별다른 관심이 없지만 확대된 가능성에 매력을 느끼는 폭넓은 투자자들까지도 사로잡을 수 있다.

그런데 이 기기는 이전에 사람을 대상으로 시도된 적이 없었고, 따라서 리스크가 상당히 높았다. 이를 감안할 때 여기에 투자할 의향이 있는 투자자들을 찾아내기 위해서는 청중의 범위를 좁혀야만 했다. 가능한 한 가장 커다란 월척을 배로 낚아 올리기 위해서 말이다.

우리는 개발 단계의 벤처에 투자하기 위해 설립된 수천 개의 미국, 유럽 및 아시아 펀드 중에서 약 45개의 벤처 캐피털 및 사모펀드PEF, private equity fund만을 초창기 청중으로 선정했다. 그런 다음, 남아 있는 펀드들 중에서 안과학이라는 분야(시장, 즉 호수)

에 관심이 있는 펀드가 있는지 살펴보았다.

그 다음 단계로는 경쟁업체가 던진 후크에 이미 걸린 적이 있는 펀드들을 제외시켰다. 그 결과 우리는 꿈틀거리고 미끈거리는 물고기 12마리를 상대로 낚싯줄을 드리우게 되었다.

그중 몇 마리는 뭍으로 낚아 올렸지만, 낚싯줄을 끊고 달아나 버린 물고기들도 많았다. 너무 작고 소심해서 놓아줄 수밖에 없는 물고기도 있었다. 결국 배 위로 끌어 올리는 데 성공했다 하더라도, 잡은 물고기들을 다시 놓치지 않기 위해서는 많은 노력이 필요하다.

당신의 사업에는 이런 과정이 끝없이 반복될 것이다.
사업의 탄생 단계에서 사업가는 더 많은 사람들을
더 깊이 끌어들일 수 있도록 그들의 관심을 사로잡고
유지할 줄 알아야 한다.
당신은 사업을 들려줄 상대방이 어떤 사람들인지를
정확히 이해하고, 특히 관심 있게 들을 만한 내용이
무엇인지를 파악하고, 후크를 걸고 전투를 벌이는
가장 좋은 방법을 찾아내야 한다.

성공하는 사업은 '필요'에서 탄생한다

새로운 사업은 개인적 필요 또는 가족의 경험에서 탄생하거나 영향을 끼치는 경우가 많다. 나의 새로운 사업도 그렇게 탄생했다.

"그것보다 나은 방법이 분명히 있을 거야!"

●● 내 형인 랜디는 어릴 때부터 근시가 아주 심했다. 유치원 때부터 두꺼운 안경을 썼는데, 나이

가 들면서 원거리 시력은 더욱 악화되었다. 라식 수술도 받을 수 없었다. 시력을 상당히 개선하려면 각막을 절제하고 변형시켜야 하는데, 그러기엔 각막의 두께가 충분치 않았기 때문이다.

50세가 되었을 때 형은 새로운 선택적 시술을 받아보기로 결심했다. 눈 안의 수정체를 제거하고 그 대신 아크릴 재질의 인공 수정체를 삽입하는 시술로 점차 널리 확산되고 있는 시술이었다. 형의 수정체는 백내장에 걸릴 정도로 노화가 진행되지는 않았다. 보험회사들과 메디케어는 백내장으로 인한 수정체 교체 관련 비용을 환급해주기는 하지만, 안과 의사가 환자의 시력 손상 수준을 제대로 진단하고 기록해야 한다.

따라서 그는 새로운 인공 수정체 삽입술을 받으려면 자신의 돈을 써야 하는 상황이었다. 실제로 그는 비용을 지불했다.

수술은 잘 끝났고, 처음으로 절개 시술을 받은 후로 몇 주가 지나자 형은 코카콜라 유리병처럼 두꺼운 안경을 드디어 벗어던질 수 있었다. 형의 삶을 완전히 바꾸어놓을 만한 사건이었다. 모든 것이 다 좋았다. 불이 꺼지기 전까지는!

어느 날 랜디 형 부부는 미네소타에 갔다가 위스콘신의 자택으로 돌아가는 길이었다. 형이 운전 중이었는데, 갑자기 한쪽 눈 한가운데에 까만 점이 나타났다. 마치 텔레비전 화면 위에 벌레가 앉아 있는 것처럼 신경이 거슬렸다.

형은 그 점이 도대체 무엇일까 의아해하며 생각에 잠겼다. 혹시 비문증(눈앞에 먼지나 벌레가 떠다니는 것처럼 느끼는 증상)일까? 의사가 그런 부작용이 있을 수도 있다고 얘기하긴 했었다.

하지만 이 점은 움직이거나 떠다니지 않았다. 형이 형수에게 용기를 내서 이 사실을 알려주었을 무렵에는 점의 크기가 세 배나 커진 상태였다. 계속 운전하고 대화하며 가는 동안 점은 점점 더 커졌다. 결국 형수가 대신 운전대를 잡았고, 즉시 가까운 병원으로 향했다. 설마 뇌종양은 아니겠지? 그들은 최악의 경우를 상상하고 두려워했다.

병원에서 그들은 좋은 소식과 나쁜 소식을 듣게 되었다. 우선 다행인 건 뇌에 이상이 있는 것은 아니라는 점이었다. 하지만 눈 뒤쪽의 망막이 완전히 박리된 상황이라고 했다. 고도 근시 환자들은 망막 박리retinal detachment를 겪는 경우가 많은데, 수정체 교체 시술을 받으면 박리 가능성이 훨씬 더 높아진다.

아마도 의사는 발생할 가능성이 있는 합병증들에 대해 이야기를 했겠지만, 형의 시야에 어둠이 갑자기 밀려오자 '망막 박리'라는 단어는 떠오르지 않았다. 그런데 형의 문제는 지금부터가 시작이었다. 이 스토리도 마찬가지다.

망막은 빛에 민감한 세포 조직으로 이루어진 얇은 막이다. 눈 뒤쪽의 망막을 다시 붙이기 위한 수술은 복잡한 과정을 거쳤고, 두세 시간이나 걸렸다. 수정체 교체 시술은 15분에서 20분이면 끝났는데 말이다. 박리된 망막을 찾기 위해 의사는 커팅 및 석션 장비를 사용해 안구 내의 유리체액을 제거했다.

그런 다음에는 찢어진 망막을 레이저로 평평하게 만들고 안와에 이를 점착한다. 시술이 끝난 후에는 안구에 가스 또는 실리콘 오일을 채워 넣어 임시로 유리체액을 대체하도록 한다. 상처가 아물 때까지 망막에 적절한 압력을 유지해주기 위해서다. 시간이 흐름에 따라 인체는 유리체액을 새로 만들어 가스나 오일을 대체하게 된다. 가스나 오일이 망막에 일정한 압력을 유지해 줄 수 있도록, 환자는 엎드린 상태로 머리를 특정한 위치에 두고 자야 한다.

망막 회복 수술을 받은 후 3개월이 지났는데도 형은 여전히 시력 저하와 불편감, 두통을 호소했다. 다시 안경을 써야 한다는 것도 불만이었다.

"잠깐…. 그 수술에 대해서 다시 한 번 설명해봐. 석션을 통해 체액을 제거한 다음 레이저 광 응고법(photocoagulation, 열에 의해 조직의 화상을 일으켜 치료하는 방법)으로 눈 뒤쪽의 망막을 태웠다고? 이

보다 더 나은 방법이 분명히 있을 거야!"

나는 내 첫 번째 사업에서 니티놀을 개발했고 자체적으로 확장하는 스텐트와 비슷한 기기들을 만들어냈다. 이런 방법을 활용해서 박리된 망막을 스텐트로 재부유re-suspend시킨다는 생각을 한 사람이 과연 지금껏 있었을까?

"왜 지금까지 아무도 생각하지 못했을까?"

나는 재빨리 특허를 검색해 보았다. 내가 생각했던 것은 나오지 않았다. 이로써 새로운 사업에 대한 핵심 내용이 내 머릿속에서 짜여졌다. 몇몇 디자인 스케치를 수첩에 그려보았다. 나는 이 생리학, 관련 합병증, 기존 해결책, 실패 사례, 복잡한 문제에 대한 접근 방법 등에 관한 문헌을 찾아보았다. 뭔가 발동이 걸렸다. 다시 한 번 후크에 걸린 것이다.

특허 변호사에게 전화를 걸면서, 나는 내 자신에게 되뇌었다. 또 다른 회사를 설립해서 더 많은 스트레스를 받으며 살지는 않겠다고.

"그래, 그거야. 회사가 아니라 프로젝트로 추진하는 거야. 다시 따라해 봐. 회사가 아니라 프로젝트라고."

하지만 이 프로젝트는 보호해야 했고, 프로젝트 뒤에는 탄탄한 스토리가 필요했다. 그로부터 3주 뒤, 미국 특허청에 약 50건의 광범위한 특허 신청 서류가 접수되었다.

변호사에게 줄 가출원 서류 초안을 작성하는 동안에 스토리가 점점 형태를 갖춰나가기 시작했다. 그 다음에 나는 엔지니어에게 전화를 걸었다. 존슨&존슨에서 가장 큰 성공을 거둔 관상동맥 스텐트 중 하나를 개발하는 과정에 핵심 인력으로 참여한 사람이었다.

우리는 함께 특허 보호의 범위를 넓히고 사업 스토리를 개선했다. 다른 누구를 위해서가 아니라 우리 자신을 위해서였다. 우리는 망막 전문의 두 명에게 조언을 구하기로 결정했다. 그때까지는 우리의 스토리에 청중이 없었다. 안과 의사에게는 생소한 스텐트라는 단어를 사용하는 대신, 우리는 이 기기를 정상 안구의 내압에 상응하는 내부 비계internal scaffold라고 풀어서 설명하기로 했다.

이런 방식으로 삽입한다면, 안구 내의 유리체액을 전부 제거할 필요도 없고 망막을 레이저로 태울 필요도 없으며 빈 공간을 오일이나 가스로 채울 필요도 없다는 것을 증명할 수 있을지도 모른다. 시력이 훨씬 더 빨리 회복될 것이며, 손상도 줄어들고 비용도 절감할 수 있을 것이다.

"분명히 효과가 있을 겁니다. 어떻게 지금까지 아무도 이런 생각을 해내지 못했을까요?"

두 안과 의사가 말하는 걸 들었을 때, 우리가 뭔가 진전을 이루어내고 있다는 것을 알 수 있었다. 리갈줌닷컴LegalZoom.com의 도움으로, 우리는 그 다음 주에 유한책임회사LLC를 설립했다. 엔지니어와 안과 전문의 두 명은 우리 프로젝트의 공동 창업자가 되었다.

이 스토리를 바탕으로 사업 요약서와 간단한 파워포인트 프레젠테이션 자료를 준비한 다음, 엔지니어링 회사에 시제품 제작 견적을 의뢰했다. 우리는 시제품을 테스트하고 검증할 계획이었고, 이를 위해 해부용 시체의 안구를 주문했다. 놀랍게도 인터넷을 활용하면 이런 것까지도 주문이 가능하다.

망막이 어떻게 구성되어 있는지를 상세히 파악하고, 제품이 정확하게 설계되었는지를 확인하기 위해 안구 안에 몰드를 만들기 위해서였다. 그런 다음 우리는 플로리다 공대의 생명의료공학부를 방문했고, 설계 모델링 작업 및 이식된 비계의 기능에 대한 시뮬레이션을 함께해보자고 제안했다.

그들은 적극적인 참여 의사를 밝혔다. 며칠 후에 이 대학의 행정 담당자들이 나에게 연구 제안서를 보내왔다. 우리는 자금을 조달해야만 했다. 연구비가 내 개인 당좌예금 계좌로 처리할 수 있는 범위를 넘어서기 시작했다.

나는 이 사업에 대해 또 다른 변호사 친구에게 들려주었다. 그는 즉시 후크에 걸렸을 뿐 아니라, 지분을 조금 나누어주면 법률 서비스도 제공하기로 했다. 공식적인 자금조달을 준비하는 과정에서, 그는 유한책임회사LLC에서 델라웨어C 주식회사(C-Corporation,미국 내 일반적인 형태의 주식회사)로 전환해야 한다고 나를 설득했다. 이 회사의 이름은 옵티스텐트OptiSTENT였다.

'이런 제길… 또 다른 회사를 시작하고 싶지는 않았는데! 결국 이렇게 되었구나.'

우리는 소수의 투자자들을 선정해 자금조달 계획서financing memorandum를 전달했다. 이들이라면 내 사업 요약서만 읽어도 스토리를 이해할 거라 믿었다. 전화 한두 통 만에 나는 과학적 증거proof of science를 제공하기 위한 모델링, 시뮬레이션, 시제품 제작, 동물 연구에 필요한 자금을 확보할 수 있었다.

이 프로젝트에는 특허 심사 관련 비용을 포함해서 약 1억 7,400만 원가량의 납입자본이 들어갔는데, 동물 연구 데이터의 질에 프로젝트의 사활이 걸려 있었다. 이 책이 출판될 무렵이면 우리가 보다 상세한 스토리를 들려줄 수 있을지가 결정될 것이다. 인간을 대상으로 한 임상 실험을 위한 추가 자금 조달이 필요할지, 아니면 다시 연구실로 돌아가서 더 나은 설계 방안을 내놓기 위해 노력해야 할지 양단간에 결정이 날 것이다.

'혹하는 아이디어'일수록 철저하게 현실에 기반하라

나의 커리어에서 겪은 좋은, 나쁜, 그리고 추한 것들에 관해 보다 구체적으로 충분히 설명할 필요가 있을 것 같다. 내가 지금 들려줄 나의 사업 이야기는 그중에서도 최악의 경우를 보여준다. 나의 실패 경험이 부디 당신이 위험을 피해가는 데 도움이 되기를!

업계를 막론하고 네트워킹은 사업가에게 매우 중요하다. 그 당시 나는 플로리다에서 CEO로 바쁘게 일하고 있었다. 나는 차분하게 내가 맡은 일에만 집중했다. 최대한 출장을 자제하기 위해 남동부 이외 지역에서 열리는 벤처 콘퍼런스들의 연설 요청을 거절하기 시작했다.

플로리다 벤처 포럼에는 참석하기로 했는데, 여기에서는 언스트 앤 영에서 '올해의 사업가 상' 후보로 나를 고려하고 있다는 사실이 널리 알려져 있었기 때문이다. 플로리다 벤처 포럼에 참석한 청중 대부분은 예전에 내 사업에 대해 들어본 적이 있기는 했지만, 어느새 나는 로펌, 임원, 채용 전문가들, 지역 투자 은행가들이 주목하는 인물이 되어 있었다.

나는 발표를 마친 후 회의장 문을 통해 밖으로 나왔고, 호텔 로비는 사람들로 북적이고 있었다. 여러 회사의 대표들이 참석자들을 끌어들이기 위해 커피스테이션이 전략적으로 배치되어 있었다. 사람들은 저마다 소리 높여 자신의 스토리를 들려주느라 열을 올리고 있었다.

내가 머그잔을 하나 집어 들려는 순간, 낯익은 누군가 나에게 말을 걸었다. 방금 전 발표 때 맨 앞에 앉아 있던 사람이었다. 그는 웨스트 팜비치에 위치한 대형 회사에서 근무하는 사내 변호사라고 자신을 소개했다.

변호사는 자신이 최근에 일을 도와주게 된 헬스케어 회사에 대해 나에게 이야기하고 싶다고 했다. 이제 막 설립한 회사였는데, 의료기술 분야에서 충분한 경력을 갖춘 이사를 필요로 한다는 것이었다.

이야기를 들으며 나는 내 자신에게 있는 힘껏 외쳤다.

'제발… 할 수 있어… 그냥 안 되겠는데요라고 말해버려! 그냥 뒤돌아서란 말이야!'

아, 왜 그럴 수 없었을까!

지금은 내 친구가 된 이 변호사는 훌륭한 스토리텔러였다. 변호사를 통해 전해들은 기술은 흥미로웠다. 그 다음 주말 무렵, 이 기술과 관련한 수많은 자료를 살펴보다가 나는 내가 또 한 번 후크에 걸렸다는 사실을 깨달았다. 이 기술에 대한 사업은 더욱 발전시키고 가다듬을 필요가 있었다. 그리고 나는 내가 어떤 부분에 어떻게 가치를 더할 수 있을지, 어떻게 발전시켜나갈지 즉시 알 수 있었다.

나는 미네소타에 사는 또 다른 친구에게 전화를 걸었다. 그와 피부암의 일종인 흑색종을 진단할 때 이 기술을 어떻게 적용할 수 있을지에 관해 이야기를 나눴다. 그러고 나니 후크가 내 안에 더욱 더 깊이 박히게 되었다. 이는 그 친구의 삶을 바꾸어놓을 만한, 그가 이 병을 어떻게 다루는지를 바꾸어놓을 수 있는 기술이었다.

원래의 창업주가 기존에 군사 정찰 목적으로 쓰이던 이 기술의 용도를 확대함에 따라, 군사 정찰 외에도 여러 산업에 기술이 접목되었고 당시는 농업 비즈니스에까지 적용되고 있는 상황이었다. 헬리콥터의 하단부에 카메라를 장착한 다음 특허를 받은 초분광 영상 시스템을 활용하여 생체시료(biological material, 생물에서 유래한 시료 또는 동물, 식물, 미생물 등 생체 그 자체)를 시각화했다.

테러리스트 캠프 상공을 날아가는 비행기들 아래로 적외선 이미지로 보이는 사람들이 몸을 숨길 곳을 찾아 뛰어가는 모습은 우리 모두가 본 적이 있을 것이다. 하지만 이 시스템은 피부의 생물학적 특징을 분석해서 미군과 베트남군을 구분할 정도로 감도가 높았다. 환자의 전신을 스캔해서, 육안으로 징후가 확인되기 이전에 피부 표면 아래에서 암세포가 생겨나고 있는지를 판단할 수 있는 기술을 바탕으로 새로운 회사가 설립되고 있는 상황이었다.

게다가 불과 몇 개월 전에 미국 국립 암 연구소National Cancer Institute는 '피부암을 조기 진단할 수만 있다면 피부암으로 인한 사망자를 없앨 수 있을 것'이라고 발표한 바 있었다. 플로리다에 살면서 몸 여기저기에 새로운 반점이 늘어가던 나는 이 사업에 완전히 설득당했다.

"나도 동참할게요!"

마음을 빼앗긴 순간을 조심하라

사업을 더욱 탄탄하게 구성해 소개하고 알려야 했다. 나는 피부 표면에는 변색의 징후가 없는데 피부 아래에는 암성 세포들이 있는 이미지를 활용해 스토리를 보완했다. 의자에 앉아 있거나 검사대에 있는 환자로부터 몇 인치 위에 설치된 시제품 스캐너는 이야기의 신빙성을 더욱 높여주었다. 이제 이 기술의 효과를 입증하는 실험 데이터만 몇 가지를 추가하면 되는 상황이었다.

우리는 한 피부과 전문의에게 우리의 스토리를 열성적으로 들려주었다. 햇볕에 그을린 자국이나 반점에 대한 검사를 받으려는 환자들이 많아 서너 달씩이나 예약이 밀려 있는 유명한 의사였다. 앞으로 이런 스캐너가 나온다면 현행 수준의 세 배에 달하는 환자들을 진료할 수 있을 거라는 생각을 하니 그 의사도 마음이 들떴다.

우리는 재빨리 연구 일정을 잡았다. 환자를 스캔하고 조기에 발견하기 어려운 세포들에 대해 검사를 실시해, 피부 표면에 도달하기 전에 암성 세포라는 것을 밝히기 위한 연구였다. 위양성(false positive, 본래 음성이어야 할 검사 결과가 잘못되어 양성으로 나오는 경우)을 없애기 위해서는 더욱 정교한 알고리즘을 갖춰야 하긴 했다. 그래도 고무적인 데이터가 속속 들어오기 시작했다. 당시에는 이 데이터들이 사업을 실현하는 데 유의미한 발자취라고 생각했지만 그것은 위험한 섣부른 판단이었다.

사업을 하다 보면 마음을 사로잡는 이야기를 반드시 만나게 된다. 매혹적인 이야기는 당신의 마음을 빼앗고 뒤흔든다. 그 순간을 조심해야 한다. 사실과 정보에 기반한 현재에 늘 발을 딛고 매혹적인 이야기 주변에 가득한 안개를 헤쳐나가야 한다. 무엇이 진실이고 무엇이 환상인지 알아볼 수 있어야 한다.

이 기술과 스토리가 나의 마음을 온통 사로잡는 바람에, 사전 조사와 준비가 다소 미흡했다. 암 진단 및 치료를 시도하다 역경을 겪고 뼈아픈 교훈을 얻은 경험이 있었지만, 나는 다시 한 번 자금 유치를 위해 나섰다. 하지만 암이라는 소리에 잠재적 투자자들의 2/3가 달아났고, 나머지 투자자들은 우리에게 난처한 질문들을 퍼붓기 시작했다.

FDA 감독관과의 미팅을 앞두고, 우리는 엄청난 규모의 연구를 완료해야 한다는 사실을 깨닫게 되었다. 우리가 실시한 연구로는 턱도 없었다. 훨씬 더 많은 환자를 대상으로 연구를 실시해야 했고, 통제 집단도 복잡하고 정교하게 구성할 필요가 있었다.

11억 원에 달하는 자금을 조달해야 하는 상황이었다. 우리는 즉시 스토리를 극적으로 수정해야겠다고 생각했다. 조기 진단을 위한 피부 검사가 불필요하다는 사실을 증명하려고 애쓰기 보다는, FDA 승인을 심사 절차로 여기는 편이 더욱 빨리 시장에 진출하는 길인 것 같았다. 하지만 안타깝게도 의사들은 이 사업의 타당성을 믿어주지 않았다. 시스템 비용 및 전용 진료실 구비에 따른 비용도 부담스러워했고, 병리학 샘플 송부 비용이 계속 든다는 점도 우려했다.

우리의 제안은 더 이상 사람들에게 매력적으로 다가가지 못했다. 이 사업을 현실화시키기 위해 노력한 각고의 분투는 이제 서랍 속에 고이 들어가게 되었다.

사업을 하다 보면
마음을 사로잡는 이야기를 반드시 만나게 된다.
매혹적인 이야기는 당신의 마음을 빼앗고 뒤흔든다.
그 순간을 조심해야 한다.
사실과 정보에 기반한 채 차가운 손으로
매력적인 포장지를 없앨 수 있어야 한다.
무엇이 진실이고 무엇이 환상인지
알아볼 수 있어야 한다.

무엇을 듣고 싶어하는지 정확히 파악하라

투자자들은 자신의 배경, 교육, 직업 및 개인적 경험에 따라 특정 비즈니스 기회에 이끌리는 경향이 있다. 일례로 민간 항공사 파일럿은 항공 관련 신규 사업에 대한 투자에 가장 큰 관심을 보이겠지만, 페이스북 벤처가 제안하는 수익 모델에 대해서는 잘 이해가 가지 않아 머리를 긁적일 것이다.

내가 활동해온 업계에는 일정 수준의 비즈니스 규율이 필요하다. 인터넷 기술을 기반으로 하는 사업에는 이런 규율이 그다지 중요하지 않은 듯하다.

내 말을 오해하지는 마라. 소셜 미디어 사이트와 게임을 개발하는 사업가들은 정말 똑똑하다. 또한 빌 게이츠와 스티브 잡스가 완전히 새로운 세상을 만들어낸 이래로 1조 원 규모의 새로운 업계가 탄생했다는 사실도 결코 부인할 수 없다.

단지 내 말은, 사진을 교환하거나 일상생활에 대해 수다를 떠는 웹사이트를 만들어내는 데 필요한 사업 스토리텔링은 악성 뇌종양 치료를 위한 표적 나노 테라피targeted nano-therapy를 위한 자금을 모금하는 데 필요한 사업 스토리텔링과는 다르다는 것이다.

따라서 당신의 사업에 적합한 청중을 찾아내고, 제대로 알리는 것이 매우 중요하다.

강력한strong 사업가와 파워풀한powerful 사업가는 서로 다르다. 파워풀하다는 것은 확신과 의지를 가지고 메시지를 전달한다는 뜻이다. 파워풀한 사업가가 되어라!

하나씩 늘어놓지 마라

●● 당신이 어떤 사업을 시작하려고 하건 간에, 모든 사람들은 듣고자 하는 핵심 요소들이 존재한다. 마치 그들에게 체크리스트를 건네주듯이 이런 요소들을 하나씩 쭉 늘어놓아서는 안 된다. 핵심 요소 하나하나를 설명할 때마다 자신의 확신과 진심을 보여줘라.

투자자들은 검증된 경력을 지닌 비즈니스 리더를 원한다.

지금은 겸손을 떨거나 부끄러움을 탈 때가 아니다. 당신이 얼마나 대단한지를 그들에게 알려주어라. 사업과 관련된 비즈니스에서 그런 대단함을 보여줄 기회가 아직 없었다고 하더라도 말이다. 다른 경험에서 연관된 내용을 찾아내라. 투자자들에게 당신이 사업을 끝까지 성공시킬 능력과 의지, 확신이 있다는 것을 설득하라. 파워풀한 모습을 보여라.

투자자들은 당신이 경험 있는 인재들로 경영팀을 꾸릴 수 있는지 알고 싶어 한다.

사전 조사를 통해 기술을 개발하기 위해 필요한 핵심 팀원들을 파악하라. 당신이 이미 만났거나, 채용 예정이거나, 다른 조직에서 스카우트해올 계획인 사람들을 구체적으로 언급하라. 이런 인재들을 격려하고 보유하는 방법을 당신이 알고 있다는 것을 그들에게 보여줘라.

사람들은 당신의 사업 운영 계획을 궁금해하며, 모든 계획을 달성하는 데 얼마나 많은 자금과 시간이 필요할지를 알고 싶어 한다.

당신은 자신의 새로운 아이디어가 왜 필요한지, 현 시장에 어떤 영향을 미칠 수 있을지를 알려야 할 뿐만 아니라, 회사를 설립하기 위해 투자자들의 자금을 어떻게 활용할지를 설득력 있게 설명해야만 한다. 비즈니스에서 가치를 이끌어낼 '변곡점'들을 투자자들에게 구체적으로 보여주어라.

그 구체적인 시점과 이를 달성하기 위해 필요한 것들이 무엇인지를 알려주어라. 다만 명심할 것은, 결국 이런 핵심 기준들에 비추어 당신의 성과가 평가될 것이다. 파워풀한 모습을 보여주되, 신중하도록 하라. 투자자들은 당신이 시장의 복잡한 세부사항을 알고 있을 것이라고 기대한다.

다시 강조하는데, 철저한 사전 준비가 필요하다. 그저 시장 관련 보고서를 읽는 데 머무르지 말고, 현장에 나가서 고객들과 이야기를 나누고 경쟁업체에 대해 파악하라. 또한 각각에 대해 장점과 단점을 비교해서 알려주어라. 당신의 아이디어가 경쟁업체에 비해 어떤 점이 어떻게 훨씬 더 뛰어난지에 대해 가차 없이 밝혀라.

시장의 판도를 바꾸어놓을 만한 제품인가, 아니면 그저 조금 더 나은 제품일 뿐인가?

'하려면 제대로 하든가, 아니면 아예 하지 마라go big or go home'

는 말은 흔한 표현이기는 하지만 여기에 딱 들어맞는다. 청중은 홈런처럼 커다란 성공을 원한다. 당신의 콘셉트가 현재 시중에 나와 있는 제품을 새롭게 개선한 정도라 하더라도, 기존 제품과 당신의 제품을 차별화할 만한 그 무언가를 반드시 찾아내야만 한다. 지금껏 시도해본 적이 없는 창의적인 마케팅 방법을 사용하는 것뿐이라 하더라도, 일단 사람들의 눈에 띄게 만들어야 한다. 하려면 제대로 하고, 사람들의 눈에 띄게 만들어라.

6개월마다 진화하는 다이내믹한 시장

요즘 기업들은(특히 전통적인 사업 영역이 아닌 인터넷을 기반으로 한 사업 영역) 6년이 아니라 6개월마다 진화하는 다이내믹한 시장에서 활동하고 있다. 젊고 경험이 부족하기는 하지만 매우 똑똑한 사람들이 창업을 한다. 이들은 달랑 세 장짜리 사업 요약서를 들이민다. 비즈니스와 그 이면의 천재, 기술의 패러다임 전환이 어떻건 간에, 이 모든 것에는 파워풀한 스토리텔링의 여러 요소들이 필요하다. 단지 뛰어난 기술을 나열하는 것만으론 특별할 수 없다.

자기 자신에 대해 확신이 없거나 당신만의 사업 이야기를 들려줄 자신이 없을 때는 가능한 한 청중이 되어보는 경험을 많이 해보도록 하라. 청중으로서 듣는 스킬을 연마하고, 사업 스토리를 들려주는 사람들의 성공 여부를 주의 깊게 살펴보라. 그리고 그들이 들려주는 사업 스토리의 요소들과 사업의 진전을 연관 지어보라. 사업에 있어 스토리텔링의 예술에 대해 연구하라. 스토리텔링에는 역사가 있고, 결코 끝나지 않을 미래가 있다.

다른 사람들에게 멘토링과 도움을 제공하여
사업이라는 예술을 유지해나가라.
핵심 직원들부터 시작하라.
다른 사업가들이 자신의 비전과 회사의 미션을
어떻게 전달하는지 살펴보라.
당신이 잃은 것은 없는지 경계하라.

취미는 어떻게 사업이 되는가

취미가 사업이 될 수 있을까? 지금부터 시작할 나의 사업 이야기는 그저 소박한 취미에 그칠 수도 있었던 것을 적극적으로 추진하는 과정에서 어떤 일들이 일어날 수 있는지를 잘 보여주는 사례다. 누구나 취미 하나쯤은 가지고 있다. 하지만 취미는 돈을 들여서 하는 거지, 그것으로 돈을 벌겠다는 생각은 안타깝게도 많이 하지 않는다. 혹은 돈을 벌고 싶다는 마음은 있지만 방법도 실행도 가로막힌 상태로 계속 지내고 있을지도 모른다. 나의 사례가 당신의 아이디어가 사업으로 발전하는 데 도움이 되었으면.

그 당시 나는 딸의 소프트볼 팀에서 보조 코치로 활동하고 있었다. 자원봉사 개념이었다. 두 번째 시즌이 되어서야 나는 헤드 코치인 잭에게 그의 직업이 무엇인지 물어볼 기회를 갖게 되었다. 보통 나는 다른 사람이 내 직업을 먼저 묻기 전에는 상대방에게 이런 질문을 먼저 하지 않는 편이다. 내가 먼저 직업에 관한 이야기를 꺼내게 되면 "당신은요? 어떤 일을 하시죠?"라는 말을 꼭 듣게 되기 때문이다. 나는 그냥 사업가라고 대답하기보다 스토리텔러라고 대답하곤 하는데 그러면 기나긴 부연 설명이 필요한 경우가 많다.

잭은 근처의 어느 소규모 양조장microbrewery에서 브루마스터(brewmaster, 맥주제조의 전 공정을 관리하는 양조기술자)로 근무하고 있다고 했다. 나는 이 동네에 그런 양조장이 있는지도 몰랐다. 맥주 애호가로서 나 자신도 조금 부끄러웠지만, 그런 내가 모를 정도면 그 양조장도 마케팅을 효과적으로 한 것 같지는 않았다. 보아하니 문제는 마케팅만이 아니었다. 잭은 기존 경영진에 대한 불만을 털어놓았다. 갈팡질팡하는 멍청이들처럼 보인다는 것이었다. 나는 실제로 그 맥주를 찾아 나섰다. 인디안 리버 브루어리Indian River Brewery라는 상표가 달린 맥주를 찾아보았지만, 어디에서도 구할 수가 없었다. 그 뒤로 이에 관해 한동안 잊고 지냈는데, 몇 개월이 지난 후 어느 날 장을 보러 갔다가 계산을 기다리는 줄에 서 있는 잭과 다시 마주치게 되었다. 그는 안색이 매우 안 좋아 보였다.

나는 그가 만든 맥주를 찾아 헤맨 이야기를 들려주었는데, 잭은 도중에 내 말을 끊더니 이렇게 말했다.

"우린 이제 끝났어요. 파산 신청을 했거든요. 이번 주말에 경매가 열릴 텐데, 양조 설비에 관심이 있으면 한번 와 보세요. 정말 헐값에 훌륭한 설비를 구할 수 있을 거예요."

"누가 낡아빠진 양조장을 사겠어요?"

그날 밤 나는 밤새 고민을 거듭했다. 내가 맥주 양조에 뛰어들 만한 자격을 갖추고 있는지, 이 사업을 시작하려면 어떤 것들이 필요한지에 관해 생각해보았다. 발효 화학이라는 말도 있는데, 나에게는 생화학 분야의 지식이 있으니 이만하면 된 거 아닌가!

결국 나는 금요일 아침에 그 쇠락한 양조장을 찾아갔다. 문을 열고 들어서자 발효 중인 홉과 보리의 냄새가 코를 찔렀다. 머리가 벗겨진, 마른 체구의 한 남자가 서류를 손에 들고 대형 탱크들 사이를 분주히 오가고 있었다. 그의 앞에 길게 늘어서 있는 병입 시설(bottling line, 맥주를 병에 담아 포장하는 기계)을 얼마에 팔아야 할지를 고민하고 있는 것 같았다. 나는 그에게 자기소개를 했고, 잭이 얼른 방문해보라고 권유했다고 말했다. 그는 파산관재인(bankruptcy trustee, 파산 채권의 조사에 참여하는 등 파산 절차에서 중심적 역할을 담당하는 사람이나 기관)이 자신을 경매인으로 선임했다면서, 내가 너무 빨리 왔다고 말했다.

"경매는 내일이에요."

비록 양조장 건물은 금방이라도 무너질 것처럼 낡아보였지만, 그래도 설비는 상당히 훌륭해보였다. 스테인리스 스틸 재질의 대형 발효 저장고들이 길게 늘어서 있었고, 그 옆에는 이탈리아에서 수입해온 병입 설비가 설치되어 있었다. 그 당시만 해도 맥주회사 쿠어스Coors 정도 되는 회사나 보유하고 있다는 저온 살균 시스템까지 갖춰져 있었다. 뒤편의 창고에는 갈색과 녹색의 맥주병들이 들어 있는 화물 운반대와 맥주 여섯 병이 들어가는 운반 상자, 맥주 포장용 종이 상자와 빈 맥주 통들이 천장 높이까지 층층이 쌓여 있었다. 나는 머리가 벗겨진 그 남자에게 물어보았다.

"이걸 다 팔면 얼마나 받을 수 있을 것 같나요? 과연 누가 이 작은 동네에서 양조장을 사겠다고 하겠어요?"

그는 어느 멍청한 사람이 나타나서 약 1억 3,900만 원에 설비를 팔아넘길 수 있다면 천만다행일 거라며, 거침없이 대답했다. 건물주의 압력도 상당했고, 파산을 관리하는 관재인도 그 동네 이외 지역까지 경매를 홍보할 만한 시간적 여유가 없었다.

문득 나는 마음속 깊이 넛지를 느꼈고, 깊이 생각할 겨를도 없이 8,700만 원가량에 모든 설비를 사겠다고 제안했다. 그러면 그들도 공식 경매를 치르는 시간과 경비를 절약할 수 있지 않겠냐고 말했다. 그는 나를 노려보더니, 이 설비를 새로 구입하려면 아마 23억 2,000만 원 정도 들 거라고 대답했다.

"이봐요… 이게 새 거는 아니잖아요!"

여전히 나를 노려보면서 그는 어딘가로 전화를 걸어서 누군가에게 나의 제안에 대해 설명했다. 그러더니 내가 그날 중으로 은행 보증수표를 가져올 수 있다면 내 제안을 수락하겠다고 말했다. 결국 계약이 성사되었다!

정말 길고 고통스러운 주말이었다. 전혀 모르는 분야에 뛰어들어 사업을 다시 일으켜 세우는 데 들어갈 시간과 노력, 에너지를 생각하니 '괜히 사겠다고 했나?' 하는 생각이 들었고 금세 후회에 휩싸였다. 게다가 내 본업만으로도 매주 60시간 이상 근무하는 상황이었다. 그래, 잭이 있었지! 나는 이 사업에 잭이 합류하도록 해야겠다는 생각이 들었다.

나는 잭에게 전화를 걸었는데, 그는 이미 내가 양조장의 새로운 주인이 되었다는 소식을 들었다고 했다. 전화기 너머로 들려오는 그의 목소리에서는 행복과 빈정거림이 동시에 느껴졌다. 나는 내 본업을 위한 월요일 회의를 취소했고, 잭에게 다른 직원들을 모두 불러 모아 양조장에서 새로운 주인과 함께 회의를 하자고 말했다.

내 기억으로는 남아 있는 직원 수가 여섯 명에 불과했다. 그 중에는 브루마스터인 잭과 마케팅 책임자도 포함되었는데, 잭은 그 사람을 양조장 대표로 선임하자고 제안했다. 그는 일반 운영과 회계에 대한 지식을 어느 정도 갖춘 것 같았다. 또한 그에게는 퇴거 통지를 기다리고 있는 건물주를 설득하는 데 필요한 능력이 있었다.

그의 마케팅 실력에 대해서는 의구심이 있었지만, 그 당시 나에게는 일단 일상적인 양조장 운영을 맡길 사람을 찾는 것이 더욱 중요했다. 내가 그 양조장의 존재에 대해서 왜 전혀 알지 못했는지 여전히 의아했지만, 이 부분에 관해서는 내가 더욱 기여할 수 있을 거라며 스스로를 설득했다.

반드시 필요한
2가지 핵심 요소에 집중하라

●● 초창기에는 내가 직원들에게 들려줄 만한 스토리가 사실상 별로 없었다. 이제 새로운 주인이 왔으니 양조장을 '새롭게 경영할 것'이라는 말밖에는 해줄 말이 없었다. 건물주를 포함해서 몇몇 화가 난 채권자들을 개인수표 몇 장으로 달래고 나니 조금쯤 시간을 벌 수 있었다.

신규 투자자들을 대상으로 한 스토리를 구상하기에는 아직 일렀기 때문에, 우리는 일단 보도자료를 위한 스토리를 만들어내는 데 집중했다. 양조장의 이미지를 새롭게 바꾸는 것이 목표였고, 그게 우리가 새롭게 도입해야만 하는 철저한 마케팅 계획의 첫 단계였다. 나는 이 사업에 꼭 필요한 2가지 핵심 요소가 유통과 마케팅이라는 사실을 이내 깨닫게 되었다.

이 양조장에서 생산되는 제품은 훌륭했다. 잭은 실력 있는 양조기술자였고, 대학에서 이 분야에 대한 정식 교육을 받았다. 또한 독일에 연수를 다녀왔는데, 이 과정에서 자신만의 영업비밀을 갖게 되었다. 양조장의 이름은 나중에 변경하더라도, 일단 맥주의 상표를 새롭게 바꾸는 것이 급선무였다. 기존 상표는 고리타분한 느낌이었고, 수년에 걸쳐 노력을 기울였음에도 불구하고 브랜드 인지도가 전혀 없는 정도였다.

제품명과 상표를 새롭게 바꾸는 것과 동시에, 우리는 아일랜드의 발효 사과주Irish Hard Cider의 라이선스를 확보하기 위해 노력했다. 아일랜드에서 절찬리에 판매되고 있는 켈리스 트래디셔널 하드 사이다Kelley's Traditional Hard Cider라는 제품이었다. 우리는 북아메리카 전역에 이 제품을 생산 및 공급할 수 있는 독점 라이선스를 얻게 되었다. 일단 선수금을 지불하고 제품 순 매출액에 따라 로열티를 조금 내야 했다. 또한 아일랜드 산 사과cider apple로 만든 진한 발효 베이스를 독점 구매할 것을 약속해야 했다.

이 사과주 베이스를 화물차 및 선박을 통해 미국으로 들여온 다음, 우리 양조장의 라이트 비어 중 하나와 혼합했다. 이 과정에 우리만의 비법이 적용되었다. 그 결과 알코올 도수가 높은 맥주 베이스의 맑고 산뜻한 발효 사과주가 탄생했다. 우리는 이 제품을 만들기 위해서 와인 라이선스를 획득하긴 했지만, 몰트 음료로 마케팅 했다. 전형적인 맥주병에 담겨 있지만 달콤하고 알코올 함량이 높은 사과주 맛이 나는 제품이었다. 사과주 베이스의 라이선스에 그 이름을 넣었다. 이 제품은 여성 소비자들 사이에서 큰 인기를 끌었고, 우리 양조장은 다시 '시장에서 이름을 날리게 되었다.'

우리 양조장의 사장은 플로리다 주 전역의 유통을 담당하고 대형 식료품점 체인과 계약을 맡았고, 나는 사업을 확장하는 데 집중했다. 지역 이름을 따른 이보 시티Ibor City라는 양조장이 있었는데, 남아메리카 출신의 3세대 양조기술자가 이 양조장을 소유 및 운영하고 있었다. 이 양조장 역시 자금난을 겪고 있었는데, 그 양조장의 맥주를 위탁 생산하지 않겠냐고 나에게 제안해 왔다. 자신들은 판매 및 마케팅에 집중하고 있었다. 처음에는 우리가 그렇게 하면 경쟁업체를 도와주는 것 아닌가 싶었지만, 우리 회사도 운영상의 효율을 높이기 위해서는 몸집을 키울 필요가 있었다.

결국 우리는 그 양조장과 구체적인 계약 조건을 협의했고, 그들의 설비 전부를 매입해서 우리가 보유한 기존 설비에 맞춰 투입했다. 지붕에서는 누수 문제가 발생했고, 창고의 화재 위험은 높아진 상황에서 탬파 지역에서 더 많은 설비를 들여오니, 우리 팀 사람들은 내가 정신이 나갔다고 생각했다.

그런데 몇 개월 후, 남아메리카 출신의 양조기술자한테서 전화가 걸려왔다. 지난 2회분의 병맥주 및 통맥주 공급분에 대한 대금을 지불할 수 없게 되었다는 것이었다. 우리 양조장이 시장에서 점유율을 높여가는 상황이라서 그랬는지 매출 상황이 어려워졌고, 그는 아르헨티나로 다시 돌아가기로 결정했다고 말했다. 그의 가족들은 남아메리카 대륙에서 가장 큰 양조장 중 하나를 운영하고 있었다. 우리는 미납 대금 정산에 관해 협의했고 그 양조장의 상표를 넘겨받았다. 그런데 그 무렵 나 역시 현금 잔고가 바닥나고 있었기 때문에 파트너를 구해야만 했다. 이제는 강력한 사업 스토리를 만들어내서, 양조업계에 관심이 있는 자산가들을 찾아 나서야 할 때였다.

가끔은 문득 행운이 찾아와주기도 한다. 나는 지역 내의 자산가들 중에서 내 새로운 사업의 타깃이 될 만한 자산가들을 대여섯 명 정도 알아냈다. 딱 한 명만 나의 여정에 합류하면 되는 상황이었는데, 실제로 내 사업 스토리에 흥미를 보인 사람이 딱 한 명이었다. 에드는 이 지역에 자금을 쏟아 붓고 있는 부유한 자산가였고, 시내에 세계 유수의 테니스 클럽을 이제 막 개장한 상황이었다. 그의 아내는 우리 양조장의 발효 사과주를 매우 좋아했고, 우리의 논의는 급속도로 진전되었다. 다만 한 가지 문제는 그가 51%의 소유권, 다시 말해서 지배 지분controlling interest을 보유할 만큼 충분한 자금을 투자하고 싶어 했다는 점이다. 성장에 필요한 운전자본을 충분히 확보하고 내가 사업의 가치를 설정할 수만 있다면, 나는 이런 제안을 수락할 준비가 되어 있었다. 우리는 30일 안에 계약을 체결했다.

나는 다시금 공동 창업자이자 소주주minority shareholder로서 다른 사람의 여정에 동참하게 되었다. 이 부유한 파트너의 야망은 그 정도에서 그치지 않았고, 우리는 키 웨스트 브루어리The Key West Brewery와 마이애미 브루잉 컴퍼니Miami Brewing Company의 자산을 인수했다. 여러 인수 건과 자금 조달로 인해 나의 지분은 더욱 더 희석되었다. 내가 이 회사에 총 투자한 금액인 8억 9,990만 원가량은 지금의 플로리다 비어 컴퍼니Florida Beer Company를 만드는 데 들어간 10억 원가량에 비하면 훨씬 적은 수준이었다. 이 양조장은 미국 전역의 양조 컨테스트에서 금메달을 수차례 획득했고, 가장 큰 지역 양조장 중 하나로 손꼽히고 있다. 물론 나는 주말에 언제든 여기 들러서 맥주 한두 상자를 가져갈 수 있다.

3장

설득할 수 있어야 미래가 있다

설득의 핵심 7가지

종이 한 장에 낙서로 끼적였건 연구 노트건 냅킨에 적어보았건 간에, 이제 당신은 새로운 발명품을 만들어냈다. 해결책을 말로 표현해보았고, 스스로에게, 배우자에게, 가족과 친구들에게 들려줄 사업의 틀을 만들어냈다.

당신은 꿈이 실현될 수 있을 거라는 확신을 가지게 됐다. 시간과 에너지, 자금과 노력을 들여 이 아이디어를 실행할 만한 충분한 가치가 있고, 고통과 눈물까지도 감수할 수 있다는 믿음이 생겼다.

이제는 좁고 안전한 자신의 은신처를 벗어나 온 세상에 이 사업을 들려줄 때가 온 것이다!

설득의 절차

이제 본격적으로 사람들에게 사업을 들려주고 알릴 차례다. 이 시점에서 머릿속에 떠오르는 의문이 있을 것이다. '어떻게 하면 사업을 효율적으로 들려줄 것인가' '어떻게 하면 사람들을 참여시킬 것인가' 이 시점에서 필요한 것이 사업 소개 절차다.

일단 절차에 익숙해지면 다음 사업에 착수할 때도 같은 절차를 반복해서 적용할 수 있다. 그때는 에너지를 많이 절약할 수 있다.

여러 번 이 과정을 밟다 보면 당신의 판단력을 믿고 효율적으로 실행하며 최대한의 이득을 이끌어낼 수 있는 사업 동료들을 참여시킬 수 있다.

서류의 초안을 작성할 때는 마이크로소프트 파워포인트 프로그램을 사용하면 된다. 글과 이미지를 활용하여 여러 장의 슬라이드를 채워서 자신의 사업을 다시 들려주는 것이다. 이런 형식을 사용하는 방법의 가장 큰 장점은 다음 단계의 사업 스토리에 필요한 소중한 도구가 확보된다는 것이다.

수정한 슬라이드들은 투자자들, 직원들 및 전략적 파트너들을 사로잡을 낚싯대와 릴이 되어줄 것이다. 이제 핵심 요소들에 관해 알아보자.

도입부

청중에게 자신을 소개하고, 새로운 아이디어나 신규 벤처를 개발하고 실행하는 데 자신이 적임자인 이유를 설명하는 부분이다. 도입부에서부터 지나치게 힘을 줄 필요는 없지만, 빠른 시간 내에 청중의 신뢰를 어느 정도 확보하는 것이 중요하다.

시장 현황

당신이 타깃으로 하는 청중의 대다수는 시장 상황을 이미 잘 알고 있다. 그들은 당신이 세상을 어떻게 바라보는지, 당신이 제시하는 새로운 해결책이나 제품이 왜 꼭 필요한지에 가장 큰 관심이 있다.

결국 당신은 자신의 해결책이나 제품이 어떻게 기존 시장에 적합하게 맞아 들어갈 것인가에 관해 간결하게 스토리를 들려줘야만 한다. 또한 어떻게 그 시장에 침투하고 시장 점유율을 높일 계획인지를 설명해야 한다.

미리 철저하게 준비하라. 가능한 한 최신 추세를 반영한 정확한 정보를 제공해야 한다. 정보의 출처를 밝히는 것은 중요할 뿐만 아니라 꼭 필요하다.

경쟁 상황

시장 현황과 마찬가지로, 수준 높은 청중은 특정 시장 내의 기존 방법, 기기 및 기업들에 관해 이미 상당한 정보를 갖고 있을 것이다.

당신은 자신의 해결책이 더욱 우월하고 비용 효율이 높으며, 기존에 아무도 해결하지 못했던 문제에 대처한다는 확신을 청중에게 주어야 한다. 그뿐만 아니라 경쟁 상대에 맞서 어떻게 판매하고 마케팅 할 것인지에 관한 계획도 알려주어야 한다. 경쟁 업체들의 단점과 약점을 강조하라.

해결책

자, 바로 여기가 재미있는 부분이다. 해결책을 제시하는 부분이야말로 당신이 당신의 사업을 사람들에게 들려주는 이유다. 당신은 불현듯 천재적인 아이디어를 떠올렸고 문제점에 관한 새로운 해결책을 마련해냈으며 이를 보호해냈다.

이제는 이를 발전시켜 시장에 선보이는 데 심혈을 기울일 준비가 되어 있다는 것을 보여줄 차례다. 자신감을 보여줘야 할 뿐만 아니라, 사전 준비를 철저히 해서 청중이 던질 법한 질문을 가능한 한 많이 예상해보아야 한다.

또한 당신이 자신의 콘셉트를 현실화할 수 있는 수단을 갖추고 있다는 것도 보여줄 필요가 있다. 자신의 해결책이 지닌 장점과 특징을 현재 시장의 최고 수준gold-standard과 비교하는 차트를 만들어서 제시하라.

추진 과정

아이디어는 행동에 옮기기 전까지는 단지 생각에 그칠 뿐이다. 이 부분은 타이트하고 명확해야 한다. '창조적인 부분'은 이 앞에서 다 지나갔고, 이제는 실질적이고 구체적인 내용을 다룰 차례다.

- 어떻게 해결책을 만들어낼 계획인가?
- 어디에서 해결책을 만들 것인가?
- 비용은 얼마나 드는가?
- 계획을 실행하기 위해서는 어떻게 팀을 구성해야 하는가?
- 시간은 얼마나 걸리는가?
- 해결책을 어떻게 제시하고 증명할 것인가?

핵심은 구체적인 사항들의 실행에 달려 있지만, 이 시점에서 청중이 알아야만 하는 정보들을 최대한 신속하고 정확하게 전달해야 한다.

필요성

당신이 앞에 앉아 있는 청중에게 사업에 관해 잘 짜인 스토리로 들려주는 데는 특별한 이유가 있다는 사실을 결코 잊어서는 안 된다. 당신은 결국 그들의 '바이 인'을 이끌어내기 위해 그 자리에 서 있는 것이다. 직원, 벤더vendor, 제조업체, 유통업체의 협력을 요청하거나, 계획을 실행하는 데 필요한 자금을 투자받기 위해서다.

내가 경험한 바에 따르면 훌륭한 사업 스토리와 계획을 들려주고도 자신이 무엇을 얻고자 하는지를 청중에게 제대로 알리지 못하는 사람들이 부지기수다.

당신은 청중을 즐겁게 해주거나, 당신의 아이디어를 뽐내거나, 당신의 계획을 자랑하거나, 그들에게 영감을 주기 위해 그 자리에 선 것이 아니다. 그들이 육체적으로, 정신적으로, 금전적으로, 영적으로 사업의 일부로 참여하도록 하기 위해서 이야기를 들려주는 것이다.

필요성에 대한 부분은 정확하고 엄밀해야 하지만 지나친 강요는 금물이다. 청중에게 당신이 원하는 것, 당신에게 필요한 것이 무엇인지 이야기하라. 반복해서 강조해도 좋다.

하지만 아직은 마무리를 위해 밀어붙일 때가 아니다. 바로 다음 미팅을 잡자고 강요하지도 마라. 그저 청중이 사업에 대해 충분히 이해하도록 하라. 여기서 요청하는 부분은 청중의 몫으로 남겨두어라.

청중이 당신에게 더 많은 정보를 요청하고, 다음 미팅을 요청하도록 만들어라. 당신은 이미 그들에게 자신의 스토리를 들려줬고, 당신이 무엇을 원하는지를 알려줬다.

단, 그들이 당신의 이야기를 처음 듣자마자 "예스!"라는 대답을 하지는 않을 것이라는 점을 명심하라. 다시 말하지만, 당신은 그들에게 후크를 걸고 이를 유지해야 한다.

지나치게 강요하고 밀어붙이다가는 다 잃게 될 것이다. 그들에게 구체적으로 무언가를 요청하기에 적절한 시점도 언젠가 다가오겠지만, 지금 당장은 아니다. 그저 당신의 새로운 사업이 성공하려면 무엇이 필요한지를 보여주고 말해주어라.

마무리

내 경험에 따르면, 프레젠테이션을 끝마칠 때는 공식적인 마무리 인사를 일부러 꾸며내지 않는 것이 가장 좋다. 친근하게 다가가라.

당신의 열정과 헌신을 보여줘라. 컴퓨터를 덮고 단상 뒤로 물러서서 청중과 시선을 맞추어라. 이 시점에서 다시 한 번 당신 자신과 당신의 스토리에 대한 신뢰를 이끌어내야 한다.

어린 시절에 가장 좋아했던 이야기들을 떠올려보라. 우리의 마음을 가장 편안하게 해주고 오래도록 기억에 남는 이야기들은 결국 마지막에 모든 것이 제자리를 찾는 이야기였다. 그리고 그들은 오래오래 행복하게 살았답니다. 당신의 이야기를 듣는 청중도 그런 기분이 들게 해주어라.

아이디어 보호하기

●● 대다수의 멋진 아이디어와 새로운 벤처는 보호할 필요가 있다. 그렇게 하지 않으면 그 모든 수고와 노력에 비해 수확이나 성과가 미미할 수도 있다. 특허를 낼 필요가 있을 경우, 특허 신청 접수를 계기로 우리는 처음으로 자신의 사업을 비약적으로 발전시켜야만 하는 상황에 직면한다.

나는 복잡하고 비용도 많이 드는 특허 출원 과정을 설명하기 위해서 이 책을 쓴 것이 아니다. 다만, 다음 단계로 상황을 진전시키기 위해서는 당신이 사업을 어떻게 잘 드러내고 표현할 것인지 능력을 연마할 필요가 있다는 점을 강조하려는 것이다.

신규 사업을 실행하는 데 필요한 것을 얻기 위해 다른 사람들에게 도움을 구하기 전에, 당신은 먼저 아이디어를 보호해야만 한다. 당신은 제대로 된 형식을 갖춰서 특허를 신청해야 한다. 이때 해당 발명 분야에 관한 지식을 갖춘 특허 변호사의 도움을 받는 것이 일반적이다.

나의 사업 스토리:
대기업의 마케팅 총공세

●●

당신의 아이디어 주변에는 날개 달린 원숭이들이 곳곳에 숨어 있을 것이다. 그들은 당신의 아이디어에 버금가거나, 당신이 내놓은 해결책을 대체할 무언가를 손에 쥐었을 가능성이 아주 높다. 특히 날개 달린 원숭이가 대기업이라면 당신은 정신을 바짝 차려야 한다. 나의 실패 사례를 곱씹지 않으려면.

왜 나는 "안 된다"고 거절하지 못할까? 거절을 못 하는 것도 일종의 병이나 중독인 것 같다. 누구든 사업가들을 위한 재활 센터를 알고 있는 사람이 있다면 제발 나에게 알려주기 바란다!

이 사례는 내 이력서에 구체적으로 나와 있지 않은 사업이다. 실패가 아니라, 아직은 해피엔딩을 맞이하지 못했다. 여전히 기나긴 노란 벽돌길 위를 헤매고 있는, 길을 가는 도중에 우회로를 만나거나 사상자가 발생하는 경우도 많은 그런 이야기다.

독일에 있는 오랜 비즈니스 파트너가 어느 날 나에게 전화를 걸어왔다. 그는 동료 사업가이자 내 친구였는데, 새롭게 급부상하고 있는 분야의 판도를 바꾸어놓을 만한 기술을 발견했다는 것이었다. 이 기술이라면 순환기내과 관련 시장을 일순에 사로잡을 수 있다고 했다. 몇몇 회사가 관상동맥 스텐트를 개발하고 성공리에 상업화한 바 있었다. 이 기기는 체내에 삽입되어 병들고 좁아진 심혈관을 확장하는 데 사용되었다. 작은 코일들이 심혈관 벽에 영구적으로 삽입되어 혈관을 확장하는 것이었다. 그런데 수개월이 지나면 혈관 벽에 장착된 이 이물질 주변으로 혈병(clot, 혈액이 응고하여 형성되는 덩어리)이 종종 생긴다는 것이 문제였다. 이러한 폐색성 혈병을 혈전이라고도 부르는데, 이 현상이 점점 심해지면 결국 혈관이 좁아지게 되어 재협착증이 발생하게 된다.

이런 상황에서 내 독일 친구는 다른 개입 조치가 필요 없이 체외에서 금속성 스텐트를 조절할 수 있는 신기술을 발견한 것이다. 전 세계적으로 심장 스텐트 삽입술이 널리 쓰일수록 이런 부작용도 급속하게 증가하고 있는 실정이었다. 이 문제에 대한 해결책이 필요했고, 해답의 열쇠는 어느 독일 대학병원의 연구실이 쥐고 있었다.

우리는 그 대학으로부터 해당 기술에 대한 라이선스를 받을 계획을 세웠고, 충분한 경력을 갖춘 엔지니어이자 사업가인 독일 사람을 영입했다. 그는 팀의 핵심 멤버로 합류해서 기술 개발을 적극 추진했다. 또한 우리는 우리가 잘 알고 신뢰하는 금융 쪽 인재를 영입했다. 이제 경영과 기술을 담당할 인재들을 확보했으므로, 나는 회사 설립에 나섰고 또 다른 흥미진진한 사업 스토리를 짜기 시작했다. 또 하나의 스타트업 벤처가 탄생한 것이다.

이 사업은 순조롭게 진행될 것 같았다. 점차 커져가는 문제에 대한 우아한 해결책이었기 때문이다. 비용도 저렴한 비침습적 치료법이었고, 다만 기술 개발 작업이 필요할 뿐이었다. 안전성과 효험을 입증할 임상 연구를 신속하게 실시하고, 순환기내과 관련 시장에서 가장 높은 가격을 제시하는 회사에 이 기술을 팔면 되는 것이었다.

기술에 관해 잘 아는 독자들을 위해 말해두는데, 이 기술에는 잘 알려진 오래된 자기장 관련 법칙이 적용되었다. 혈관 내부에 삽입되는 스텐트는 특수 합금으로 만들어지는데, 이는 펄스 자기파pulsed magnetic wave에 대한 내부 수신용 코일internal receiving coil 역할을 한다. 이 회사는 특정 펄스 주파수를 사용하는 휴대용 자석을 개발했는데, 자기 이력(magnetic hysteresis, 가해진 자기장에 대해 비선형적으로 자화가 이루어지는 현상)이라는 물리적 과정을 거쳐 스텐트가 가열된다. 스텐트의 종류와 크기, 위치를 바탕으로 한 조절 장치가 시스템에 포함되며, 이는 스텐트를 특정 온도까지 가열한다. 충분한 고온에 다다르면 새로 생겨난 혈병이 제거되는 동시에 혈관 내벽에 세세한 흔적을 남겨 폐색 현상이 추후에 재발되지 않도록 해준다. 이론적으로는 이 모든 과정이 환자가 진료실에 앉아 있는 상태에서 휴대용 기기를 활용하여 체외에서 조정되도록 되어 있었다. 한편 경쟁업체는 새로운 카테터, 풍선, 와이어 등을 환자의 심장에 삽입하는 등 다양한 치료법을 개발하고 있었다. 이번에도 우리는 호랑이 등에 올라탄 상황이었다.

우리는 독일인 엔지니어를 미국으로 데려왔고, 발표 자료를 준비해서 우리의 사업 스토리를 사람들에게 들려주기 위해 길을 나서도록 했다. 이 일을 추진하기 위해 많은 자금이나 인원이 필요한 것은 아니었다. 하지만 우리는 얼마나 많은 날개 달린 원숭이들이 나무 위에 숨어 있는지는 미처 알지 못했다.

스텐트 관련 업계의 시장 선도업체 중 한 곳이 자체적인 해결책을 개발 중이라고 발표했다. 스텐트에 코팅을 해서 재협착증을 억제하겠다는 것이었다. 특수한 폴리머(polymer,고분자 화합물)를 표면에 사용해서, 억제 효과가 있는 약물이 서서히 분비되는 방식이었다. 청중은 이런 코팅이 실제로 효과가 있을지 '두고 보겠다'는 입장이었고, 우리는 점점 속이 타기 시작했다. 몇 개월 안에 관련 데이터가 발표될 예정이었다.

이와 동시에, 스텐트 코팅에 사용되는 약물은 이런 용도로 허가가 나지 않은 상황이었다. 그래서 우리는 사업 방향을 변경해서 공세에 나섰다. 어떤 전신 작용(systemic effect, 약물을 투여한 국소 부위에서가 아니라, 약물이 흡수된 후 몸 전체에서 나타나는 약리 작용을 가리킴)이 발생할지 아직 알려져 있지 않고 이를 분석하기 어려우며, FDA가 코팅을 허가하기까지 몇 년이 걸릴 것이라고 주장하며 청중을 설득하기 위해 애썼다.

우리가 옳았건 틀렸건 간에, 자사의 프랜차이즈를 보호하려는 대기업들이 마케팅 총공세를 펼치는 바람에 우리는 그들의 경쟁상대가 되지 못했다. 우리가 개발해낸 새로운 해결책은 더 이상 사람들의 흥미를 끌지 못했다. 우리의 스토리를 듣고자 하는 청중을 찾아볼 수도 없었다.

1분 안에 설득할 수 있다는 거짓말을 하지 마라

'미의 기준은 주관적이다beauty is in the eyes of the beholder'는 말이 있다. 당신의 사업 계획과 구성을 아무리 훌륭하고 탄탄하게 만들었다 하더라도, 사업을 들어야 할 사람들을 잘못 선택하면 당신의 사업은 나쁜 사업이 될 뿐만 아니라 심지어 잘못된 사업이 되어버린다.

그 사업에 적합하지 않은 사람들은 공감하지 못할 가능성이 크다. 이런 경우 사람들은 애초에 자기가 이 사업에 대해 아는 데 시간을 할애하지 말았어야 한다는 사실을 인정하기보다는, 그 사업을 나쁜 사업이라고 간주하게 된다.

따라서 당신은 사업에 대해 들려주기 전에 당신이 누구에게 이 사업에 대해 말하고 표현해야 하는지 반드시 파악할 필요가 있다.

앞서 설명한 것처럼 제대로 들려주는 것이 관건이다. 내용이 복잡해서 사람들이 제대로 이해하고 납득할 수 있도록 심층적인 설명을 제공해야 한다면, 실제로 그렇게 할 수 있도록 충분한 시간을 할애하라!

엘리베이터 스피치의 비효용성

'엘리베이터 스피치'에 대해 들어본 적이 있는가? 엘리베이터 스피치란 엘리베이터에 탄 사람들에게 엘리베이터가 멈추기 전까지 60초간 자신의 이야기를 들려주는 것이다.

사람들은 대개 사업가라면 엘리베이터 스피치를 반드시 연습하고 연마해야 한다고 믿는다. '이 시간 안에 자신의 이야기를 제대로 들려줄 수 없다면, 아예 들려주지 마라!'는 식이다. 완전한 거짓말이다!

충분한 시간을 확보하지 않은 상태에서 복잡한 이야기를 전달하기 위해 애쓰는 바람에 결국 훌륭한 아이디어가 거부당하는 상황을 나는 지금까지 수없이 목격했다. 사람들은 그 스토리의 가치를 결코 완전히 이해할 수 없을 것이다. 다시 그 스토리를 듣고 싶다는 생각도 하지 않을 것이다. 이미 그들은 마음속으로 결정을 내리게 된다.

인기 텔레비전 프로그램인 「샤크 탱크Shark Tank」는 이런 상황을 가장 잘 보여준다. 이 프로그램에는 사업가가 되고자 하는 사람이 출연하는데, 약 2분 안에 자신의 스토리 전부를 들려줘야만 한다.

이 '엘리베이터 스피치'는 실패하기 딱 좋다. 과연 어떻게 그 짧은 시간 안에 스토리 전부를 들려주고 핵심 요소들을 전달할 수 있을까? 그게 가능하기나 할까? 어떻게 하면 청중이 투자 여부를 결정할 때 꼭 필요한 데이터, 통계 및 재무 정보를 제공하는 동시에 신뢰할 만한 증거와 열정, 비전과 굳은 결심, 끈기를 보여줄 수 있을까? 당신이 발표를 한다고 생각해보라. 2분은 스토리(미끼)를 제시하고 청중이 여기에 걸려들게 만들기에도 빠듯한 시간이다. 혹시나 그러고도 조금이나마 시간이 남는다면 '전투'에 나서볼 수 있다. 「샤크 탱크」에서는 사업가와 투자자들이 주거니 받거니 토론하고 협상하는 부분이 여기에 해당한다고 볼 수 있다.

현실적으로는 진지한 기업 실사due diligence 없이 단지 2분간의 이야기와 5분간의 토론만 듣고 나서 믿을 만한 투자자가 시간과 자금을 투자할 결정을 내린다는 것은 거의 불가능하다. 그건 텔레비전 프로그램이니까 가능한 얘기다!

하지만 여기서도 우리는 분명한 교훈을 얻을 수 있다. 좋은 스토리는 반드시 제대로 들려줘야 한다는 것이다. 그렇지 않으면 좋은 사업이 결국에는 아주 나쁜 사업이 되어버린다. 그 결과, 「샤크 탱크」에 나오는 대다수의 사업 계획과 스토리들은 사람들과 공감대를 형성하지 못하고, 프로그램 상에서 투자를 유치하는 데 실패한다. 그러나 발표자가 충분한 시간을 들여 자료를 준비하고 청중을 더욱 깊이 있게 파악하고 나면 그 중 몇몇 스토리는 제대로 된 투자와 지지를 실제로 받게 된다.

사람들이 이미 정보를 알고 있다고 생각하지 마라

●● 나는 힘든 경험을 통해 교훈을 얻었다. 새로운 사업을 추진하면서 상당한 좌절을 겪은 적

이 있다. 관절염 통증을 치료하는 사업 아이템이었다.

나는 당시 엘리베이터 스피치를 사용했다. 결과적으로, 짧은 시간 안에 사업에 대해 알리려던 내 방법은 처참하게 실패했다.

나는 이야기의 서두를 이렇게 시작했다.

"'신벡스SynVEX는 약물을 사용하지 않고도 관절염 통증을 완화할 수 있는 표적 치료법입니다(나는 사람들이 쉽게 기억할 수 있도록 처음부터 간단한 단어로 기술에 이름을 붙인다.) 진료실에서 시술할 수 있고 크기나 위치와 상관없이 어떤 관절에나 적용할 수 있지요. 스테로이드 주사, 경구 투여제, 심지어 수술까지도 대체할 수 있습니다.

나노 입자로 된 산화철ferrous oxide, 즉 미세한 녹 입자를 염증이 생긴 관절에 주입하는 방법입니다. 이 입자들에 의해 관절 통증을 유발하는 염증 조직이 잡아먹힙니다. 그런 다음에는 염증 조직을 표적화된 펄스 자기장pulsed magnetic field에 노출합니다. 치과용 엑스레이 기계 크기만 한 휴대용 자석이 여기에 사용됩니다. 자기장의 펄스로 말미암아 입자들은 화씨 400도 이상의 고온에 이르게 되고, 결과적으로 통증을 유발하는 조직이 절제됩니다."

이 간단한 엘리베이터 스피치의 문제점은 사람들은 이런 기술의 가치를 완전히 이해할 정도의 지식을 가지고 있지 않다는 것이다. 물론 개발 현황이나 지금까지 모인 자금 규모 등에 관한 세부사항을 제공할 만큼 시간이 충분하지 않다는 것도 문제였다.

예를 들어 염증이 발생하면 관절을 감싸고 있는 활막synovium 조직은 통증수용pain receptor에 매우 민감해지는데, 이것이 관절 통증의 실제 원인이라는 사실을 사람들은 잘 모른다. 또한 활막 조직을 수술로 제거하는 것이 이런 통증에 대한 치료법 중 하나라는 사실도 잘 모른다.

게다가 이 짧은 엘리베이터 스피치는 염증 조직이 어떻게 작은 철 입자를 잡아먹는지, 펄스 자기장이 어떻게 가열 현상을 야기하는지에 관해 충분히 설명해주지 못한다. 공학자나 의학계 종사자라면 모를까, 일반 사람들이라면 바로 그 지점에서 이미 흥미를 잃어버리고 만다.

사람들은 내 사업에 대해 이해하지 못했다. 결국 그들의 결론은 상당한 규모의 자금을 투자하기에는 불확실한 요소가 너무 많다는 것이었다.

따라서 나는 정형외과 분야에서 시장을 선도하고 있는 기업들을 찾아갈 수밖에 없었다. 그런데 이들 또한 초기 단계의 벤처로는 리스크가 지나치게 크다는 입장이었다. 또한 자신들이 기존에 마케팅하고 있는 외과적 시술 및 약물 치료법들을 감안할 때 경쟁이 너무 치열하다고 생각했다.

결국 이 사업과 관련된 자료와 특허들은 아직도 내 컴퓨터 파일 안에 잠자고 있는 신세가 되어버렸다. 내 눈에는 언제까지나 아름답게 보이는 사업 아이디어다.

하지만 미국의 뮤지션 케니 로저스의 명언처럼, 우리는 "패를 들고 버틸 때를 알고, 접을 때를 알아야 한다. 떠나야 할 때를 알고, 달아날 때를 알아야 한다."(「The Gambler」 가사의 일부)

짧은 시간 안에 사람들을 설득하고 싶은 욕구를 자제하라.
단지 몇 분 내에 사람들을 설득할 수 있다는 건
성공한 사업가들의 무용담이다.
참신하고 획기적인 사업일수록 사람들은
그것을 낯설어 할 수 있다.
철저하게 조사하고, 분석하고, 계획한 당신의 사업이
맞을 치열한 전투에 대비해서 충분한 시간을 투자하라.

사업 요약서로 승부하기

당신은 이제 기본적인 상황은 갖췄으니, 이번에는 더욱 큰 이야기의 핵심적인 부분인 사업 계획을 들려달라는 요청을 받게 될 것이다. MBA 학위로 무장한 사람들은 내가 앞으로 하려는 말에 이견이 있을지도 모르겠다. 하지만 나는 경험을 통해 내 경험이 사실임을 수차례 깨달았다.

사업 계획에 대한 개념은 지난 20년간 점차 진화해왔다. 요즘 경영대학원에서 어떻게 가르치는지는 잘 모르겠지만, 굳이 예전 80년대처럼 150장에 달하는 계획안을 수립할 필요는 없다. SWOT(강점, 약점, 기회, 위협) 분석이 포함되어 있던 이 계획안은 이제는 보다 상세한 사업 요약서executive summary로 변화했다.

사업 요약서는 파워포인트 프레젠테이션을 위해 만들어낸 스토리를 서면 형식으로 정리한 것을 말한다. 순서를 반대로 해서, 일단 사업 요약서를 작성하고 그 다음에 요점을 간추려서 프레젠테이션을 준비하는 사람들도 많다. 단지 나는 시각 자료를 중시하기 때문에, 슬라이드를 먼저 만든 후에 이를 글로 풀어쓰는 편이 내게는 더욱 효과적이다. 각자 선택하기 나름이다.

사업 요약서의 분량은 대여섯 장에서 많게는 스무 장에 달한다. 어떤 벤처 캐피털 투자자는 화장실에 있는 동안 읽을 수 있는 정도의 길이를 넘어서는 안 된다고 말하기도 한다.

사업 요약서는 스토리의 모든 핵심 요소를 담고 있어야 하며, 더 많은 세부사항과 부가정보를 제공해야 한다. 다시 한 번 강조하지만, 철저한 사전 준비가 필수적이다.

통계와 수치

●● 사업 요약서를 작성할 때는 자료의 개요를 따르되, 해당 시장과 경쟁업체, 트렌드, 관련 M&A 활동, 시장 선도 기업들의 언론 보도자료, 업계 관련 기사 등 최대한 많은 정보를 파악하고 확인해야 한다.

자신의 사업을 뒷받침하는 핵심 정보를 가져와 사용할 경우 주석을 달아 출처를 명확하게 밝혀야 한다. 그래야만 당신이 이제 막 쌓기 시작한 신뢰를 유지할 수 있다. 또한 이러한 관련 자료들을 모두 읽으면 자신의 어휘를 늘릴 수 있다. 투자자들은 당신이 관련 용어를 유창하게 늘어놓는지 주의 깊게 확인하며 들을 것이다.

차트와 이미지는 매우 중요하다. 글도 물론 중요하지만 최대한 청중이 쉽게 이해할 수 있도록 해야 한다. 청중이 당신의 가치 제안value proposition을 이해하는 데 너무 고생하게 만들지 마라. 앞서 잠깐 언급한 것처럼, 경쟁상대와 비교해서 자사의 장점과 특징을 뚜렷하게 보여주는 차트 하나가 당신이 고생해서 채워 넣은 여러 자료들보다 더욱 가치가 있을 수도 있다.

이미지도 마찬가지다. 사업을 완전히 이해하는 데 필요한 정보를 사람들이 당연히 알고 있을 것이라고 기대하지 마라. 당신의 사업을 접하는 사람들은 당신과 동등하게 또는 그보다 자신이 더욱 똑똑한 것처럼 행동한다. 그게 자연스러운 인간의 본성이다.

당신이 제안하는 새로운 콘셉트가 현실성 있게 보이려면 사진이나 그림을 제시해야 한다. 그래서 내가 프레젠테이션 자료를 먼저 만드는 편을 선호하는 것이다. 이미지로 영향을 미치는 시각적 프레젠테이션이기 때문이다. 사업 요약서에도 이미지를 적극 활용하라.

사업 요약서를 요약이라고 부르는 데는 그럴 만한 이유가 있다. 이제는 스무 장에 걸쳐 재무지표 예상 및 현금 흐름을 분석한 내용을 넣을 필요가 없다. 그래서 정식 사업 계획서가 점차 사라지고 있는 것이다. 이런 자료들은 당신의 사업 및 자금조달에 중요하긴 하지만, 처음 스토리를 들려줄 때부터 그런 자료를 포함할 필요는 없다.

예상 투자자들이 좀 더 알아보고 참여를 결정하고 나면 보다 상세한 자료를 요청할 것이다. 이런 상황을 미리 예상해서 그런 자료를 미리 잘 준비해둘 필요가 있다.

하지만 처음부터 지나치게 많은 자료를 넣어서 사람들을 숨 막히게 하지 마라. 그들에게는 당신이 제안한 신규 사업의 구성요소들을 한 번에 하나씩 살펴보는 편이 훨씬 수월하다. 논의가 진전됨에 따라 사람들이 앞으로 확인해야 할 항목이 많을 것이다.

사업가는 주방장이자 잡일꾼

●● 사업 요약서는 후크를 걸기

위한 중요한 수단이 된다. 영화 예고편이나 북 트레일러, 즉 스토리의 시놉시스 역할을 한다. 너무 분량이 많거나 설득력이 부족하면 사람들은 서서히 관심을 거둘 것이다.

일단 청중을 후크에 걸고 난 다음에는 더 많은 세부사항을 제공해야 한다. 재무 계획, 특허 관련 상황, 당신 및 경영팀 구성원의 약력, 현금흐름 분석, 수익 사용, 품질보증 시스템, 규제 요건 및 관련 전략 등이 이에 포함된다. 일단 지금으로서는 사업 요약서를 타이트하게 작성하라.

나는 어쩔 수 없이 '숫자를 중시하는 사람'이 되어야만 했다. 초기 단계에 당신은 주방장이자 잡일꾼이라는 것을 명심하라. 다시 말하자면 당신은 발명가 겸 비즈니스 리더이자 회계 담당자다.

관련 통계를 재차 확인해서 깔끔하고 멋진 차트로 이를 정리하라. 그래야만 실수를 하지 않게 된다. 사업 요약서에는 차트 세 개만 넣으면 충분하다. 시장 데이터 관련 첫 번째 차트, 사업의 핵심 지표 달성을 위해 현금을 어떻게 활용할 것인지를 보여주는 두 번째 차트, 그리고 사업을 완성하는 데 필요한 자금 확보 이전과 이후에 소유권, 즉 지분 구조가 어떻게 될지를 보여주는 세 번째 차트만 있으면 된다.

당신이 사업을 시작한다면 좋든 싫든 어쩔 수 없이
숫자를 중시하는 사람이 되어야만 했다.
초기 단계에 당신은 주방장이자 잡일꾼이라는 것을
명심하라.
어디 그뿐인가?
사업가인 당신은 주방장이자 잡일꾼, 발명가 겸
비즈니스 리더이자 회계 담당자다.

핵심 메시지에 집중하라

만약 길잡이가 되어주는 노란 벽돌길이 없었다고 가정해보자. 도로시의 여정은 과연 어떻게 되었을까? 당신은 훌륭한 사업의 구성요소들을 다 갖추었고, 다른 사람들이 이것을 빼앗아가지 못하도록 멋진 하얀색 울타리도 세워두었다.

이제는 마치 당신이 평생 그 사업에 대해 들려주었던 것처럼 자연스럽게 흘러가도록 만들 차례다. 사업의 개요가 당신의 머릿속에 깊게 각인되어 있어야 한다.

"그게 바로 사업이야. 누가 뭐래도 난 그렇게 생각해."

절대 충동적으로 메시지를 바꾸지 마라

●● 사업 메시지를 바꾸는 것을 정당화할 만한 충분한 근거를 확보하기 전까지는, 최대한 일관성을 유지하도록 노력해야 한다. 이는 청중 개개인에게 모두 마찬가지다. 매번 조금씩 다르게 사람들에게 들려주면 당신의 사업은 무너지기 시작한다.

나의 경험에 비추어보면, 스스로 나 자신의 사업에 너무 심취한 나머지 이야기가 다른 길로 새어나가는 순간들에 대처하는 것이 가장 힘들었다. 그러면 귀중한 시간을 허비하게 될 뿐 아니라, 내가 전하고자 하는 메시지의 핵심 요소들이 희석되어버린다.

따라서 당신이 사업에 대해 이야기하기 전에 사람들이 당신의 사업에 대해 듣는 데 얼마나 시간을 할애할 수 있는지를 미리 파악하는 것이 매우 중요하다. 대부분은 내용이 복잡하기 때문에, 제대로 들려주려면 충분한 시간이 필요하다.

이럴 때는 지나치게 서두르지 마라. 복잡한 문제들을 대충 얼버무리고 지나가면 결국 청중을 놓치게 될 가능성만 높아질 뿐이다. 또는 당신이 발견한 사실의 중요성을 청중이 완전히 이해할 만큼 구체적인 내용을 충분히 제공하지 못하게 된다.

또 한 가지 중요한 점은 아직 중요 포인트들을 윤색할 시점은 아니라는 것이다. 이 책에서 앞으로 윤색에 대해 다루게 되겠지만, 지금은 이야기를 개선할 방법을 궁리할 때가 아니다. 적어도 아직은 아니다.

대본에 충실해라! 대본을 작성하고 다른 사람에게 큰 소리로 읽어주고 머릿속으로 수십 번씩 되풀이해서 연습하라.

사업의 핵심 메시지를 전달하는 데 집중하라. 논점에서 벗어나지 마라. 다른 길을 따라가지 마라.

사람들의 반응을 읽는 것도 매우 중요하다. 그러면서도 그들의 표정이나 바디 랭귀지에 과잉 반응을 보여서는 안 된다. 눈을 감고 있는 사람을 보면 자신이 잘 전달하고 있는지 자문하게 되는데, 의외로 열성적으로 경청하는 사람을 보았을 때도 당신은 샛길로 빠져나갈 수 있다. 목소리의 어조에 변화를 주거나 특정 부분을 강조하는 것 정도는 괜찮지만, 논점에서 벗어나지 않도록 하라.

나의 사업 스토리:
핵심 메시지가 사라지자
사업도 함께 사라졌다

●●

우리 회사가 특별한 기기들

에 대한 개발을 이미 끝내고 이제 곧 상업화 단계에 들어갈 무렵이었다. 그때만 해도 꽤 젊었고, 어떻게 하면 스토리를 잘 전달할 수 있는지를 배워나가는 중이었다. 나는 또 다른 대형 프로젝트에 착수해서 스토리를 심화시키고, 신규 투자자들을 확보하고, 더 많은 가치를 창출하고, 다른 시장에까지 진출을 확대하기로 했다.

모든 게 딱 들어맞았다. 우리에겐 전매특허를 낸 물질과 공학적인 노하우가 있었다. 충분히 사업을 성사시킬 만한 상황이었다. 이 기기를 활용하면 외과 시술을 전혀 받지 않아도 되고, 환자와 의사, 의료기관 및 관련된 가족들까지도 혜택을 누릴 수 있었다.

심방 중격 결손증ASD Atrial Septal Defect은 선천적 결함의 일종으로, 좌우 심방 사이의 얇은 근육조직인 중격에 구멍이 있는 것을 가리킨다. 태아의 심장 구조가 형성될 때 생겨난 이 구멍은 혈류의 방향 전환을 초래하며, 결과적으로 신생아의 체내를 순환하는 혈액 중에서 산소를 공급받은 혈액량이 감소한다. 산소 부족으로 청색증이 발생하면 피부에 푸른 빛깔이 돌게 된다. 그래서 이러한 증상을 지닌 아기들을 '블루 베이비blue baby'라고 부르기도 한다.

이런 신생아들은 이 결함을 치료하는 데 필요한 심장 절개 수술을 견뎌낼 수 있을 만큼 더 자라고 튼튼해질 때까지 특별한 관리와 각별한 관심이 필요하다. 안타깝게도 이 아이들은 어린 시절에 많은 제약을 겪게 된다. 마음껏 달리기를 할 수도 없고 절대로 무리하면 안 된다. 네다섯 살 무렵에는 신체적, 정신적으로 또래에 비해 발달 상황이 뒤처지게 된다.

수술 시에는 해당 아동의 흉부와 심장을 절개해서 벌리며, 이때 인공심폐기의 도움이 필요하다. 결손 부위가 드러나면 의사는 폴리에스터 섬유 조각으로 그 구멍을 덮어 봉합한다. 그러면 나중에는 그 위에 자연 조직이 얇게 '덮이게' 된다. 이물질이기는 하지만 생체적합성biocompatible을 지닌 물질에 대한 인체의 방어기제가 작동하는 것이다. 우리는 이와 동일한 '폐쇄'를 만들되, 카테터 장착실catheterization lab에서 환자가 깨어있는 상태로 경도관 기법을 활용하여 이 '패치'를 붙이려는 계획을 세웠다. 환자의 목 안으로 탐침probe을 삽입하는 경식도 심장초음파trans-esophageal echocardiography 검사를 활용하여 심장 박동 이미지를 얻는 것이다.

환자에게 소량의 진정제를 투여하되 전신 마취를 하지는 않는 방법이었다. 전신 마취에는 자연적으로 그에 따르는 위험이 존재하기 때문이다. 심폐기도 심장 절개 수술도 필요치 않았다. 또한 훨씬 어린 나이의 아동에게도 실시 가능한 시술이었다.

나는 우리 벤처 회사에 가장 큰 규모의 전략적 투자를 한 플라스틱 업계 대기업의 이사회, 고위 경영진 및 자문가와 은행가들 앞에서 이 스토리를 들려주기로 했다. 기술 개발 및 임상 단계에 필요한 추가 자금을 확보하려는 노력의 일환이었다.

사업을 소개하는 날, 내 스토리는 순조롭게 진행되었고, 나는 '후크가 제대로 걸렸다'는 것을 느꼈다. 좌우 심방 사이의 구멍을 보여주는 사진도 슬라이드 자료에 넣어서 스토리를 뒷받침했다. 신생아의 '심장을 절개해서 벌린다'는 표현을 사용하자, 누군가가 헉 소리를 내며 놀랐다. 그때는 미처 몰랐지만 나중에 알고 보니, 얼마 전에 그런 시술을 받은 아이의 아버지가 그 자리에 와 있었다. 그 당시의 많은 환자들이 그랬듯이, 안타깝게도 그 아이는 수술 후 합병증으로 결국 사망했다고 한다.

그런 사연이 있는 줄은 몰랐지만 우리는 눈이 마주쳤고, 나는 나머지 부분을 발표하는 동안 그 사람에게 집중하기 시작했다. 그 역시 교감을 느꼈고 결국 그는 내 프레젠테이션 도중에 자신의 이야기를 들려줬다. 이 새로운 개념의 시술 방법에 대한 지지를 밝히기 위해서였다. 그러다가 나는 논점에서 벗어나게 되었다. 그 노란 벽돌길에서 나 스스로 살짝 벗어나기로 했다.

이 아버지와 내가 시술에 관한 정보를 주고받는 동안 청중은 이 스토리의 인간적인 부분에 빨려 들어갔다. 그 아이가 수술을 받기 전까지 얼마나 힘겨운 삶을 살았는지, 가족들은 또 얼마나 큰 고통을 겪었는지에 대한 이야기를 듣게 되었다. 나도 모르는 사이에 청중 앞에서 나에게 할애된 시간이 모두 흘러가버렸고, 사람들은 내 프레젠테이션에 대해 감사 인사를 했다. 아직 슬라이드가 10장이나 남아 있었는데 말이다. 얼마나 더 많은 자금이 필요한지, 청중이 근무하고 있는 회사의 의료 플라스틱 부서와 우리가 어떻게 전략적으로 협력해서 공동 개발을 추진할 것인지에 대한 이야기는 아예 꺼내지도 못했다. 내 사업 스토리가 흥미롭고 설득력 있기는 했지만, 결과적으로 그들은 나에게 다른 데서 자금을 구해보라고 말했다.

교훈은 이렇다. 노란 벽돌길에서 벗어나지 마라.

당신의 노란 벽돌길에서 벗어나지 마라!

당신의 이야기는 얼마나 훌륭한가?

사업 스토리가 얼마나 훌륭한지는 오로지 내용이 얼마나 훌륭한가에 따라 좌우되는 것은 아니다. 특별한 것이 없거나 심지어 다소 미심쩍은 내용이라 할지라도 사업 스토리는 여전히 훌륭할 수 있다!

때로는 사업 스토리의 내용이 지닌 가치를 증명하거나 이것이 올바른 접근방식인지를 확인하는 데만도 수년간의 노력이 필요하지만, 그렇다고 해서 그 스토리가 박진감 넘치는 이야기가 될 수 없는 것은 아니다. 오히려 당신의 가치를 증명하는 것이 어려우면 어려울수록 당신의 스토리는 더더욱 사람들의 마음을 절실하게 사로잡아야 한다.

사람들은 박스 체커다

●● 신규 벤처 추진을 위한 귀중한 자금을 확보할 때 '훌륭하다good'는 말은 빈틈없고 명확하다는 의미이기도 하다. 앞서 제5장에서 살펴본 핵심 요소들(도입부, 시장 현황, 경쟁 상황, 해결책, 추진 과정, 필요성, 마무리)은 말할 것도 없고, 당신의 스토리에는 청중의 체크리스트에 올라가 있는 모든 요소들이 포함되어 있어야 한다.

스스로 그 사실을 자각하건 아니건 간에 대다수의 청중은 박스 체커box checkers다. 당신의 스토리를 듣는 동안 사람들은 마음속으로 핵심 포인트들을 체크한다. 종종 이 요소들은 리스크에 대한 그들의 평가와 관련되어 있다. 당신이 반드시 모든 리스크에 이미 대처했는가가 아니라, 최소한 어떤 리스크들이 존재하는지에 관해 청중에게 설명하는 것이 중요하다.

청중 각자가 체크하는 항목들은 제각기 다르다. 자신에게 익숙한 항목들에 관한 부분에 귀를 기울이는 사람들도 있을 것이고, 이전의 벤처에서 미흡했던 부분이나 크게 데였던 요소들에 주목하는 사람들도 있을 것이다. 훌륭한 스토리를 들려주기 위해서는 최대한 많은 것들을 미리 예측해서 대처할 필요가 있다.

훌륭한 사업 스토리의 핵심 요소

수많은 청중 앞에서 수차례 다양한 스토리를 들려준 나의 경험을 바탕으로, 당신의 스토리를 더욱 훌륭하게 만들어줄 수 있는 핵심 요소들에 관해 조언하고자 한다.

경영진Management

당신이 아무리 훌륭한 자격요건을 갖추고 열정적이고 헌신적으로 사업에 대해 들려준다 하더라도, 어떻게 팀을 구성할 계획인지에 관해 알려주는 것은 매우 중요하다. 이 문제에 대해 당신이 진지하게 고민했다는 흔적이 드러난다면 더욱 더 좋다. 담당 직위와 물망에 오른 후보자들을 밝히고, 그들이 언제쯤 팀에 합류할 수 있는지 언급하라.

수익 사용Use of Proceeds

당신이 추진하는 사업이 여러 단계의 변곡점에 도달하려면 자금이 얼마나 필요한지를 보여주는 차트 또는 요약이 반드시 포함되어 있어야 한다. 당신의 팀이 사업 추진 과정에서 자금을 얼마나 효율적으로 사용할지를 분명히 밝힌다면 더욱 더 큰 임팩트를 줄 수 있을 것이다!

어느 부분, 어느 시점에 수익 사용에 대해 이야기할지를 미리 고심해서 결정하도록 하라. 이는 투자자들이 확인하고자 하는 중요 사항이다.

변곡점Inflection Points

당신은 변곡점에 관해 잘 알고 있겠지만 청중은 그렇지 않을 수도 있다. 순조로운 진행을 위해 이러한 핵심 요소들을 대강 짚어보고 넘어갈 수도 있다. 사업을 추진하는 여정 중에서 당신이 점진적인 가치를 쌓아나간다고 생각하는 특정 포인트들에 관해서는 반드시 강조해서 설명하라. 그 중에는 사소한 목표가 있을 수도 있고 원대한 목표가 있을 수도 있다.

예를 들어 경영진 채용 완료, 최초 기능성 시제품, 최초 생산 단위, 최초 판매, 무역전시회 최초 공개 등이 있다. 이런 목표들은 당신과 당신의 팀이 당초 계획과 비교할 때 얼마나 성과를 냈는가를 평가하는 핵심 기준이 될 것이다.

'피터의 원리'에 대한 계획

●● 당신이 콘셉트에서 상업화, 궁극적으로 출구 단계까지 모든 과정에 걸쳐 사업을 이끌어나갈 만한 역량을 스스로 갖췄는지에 대한 확신이 없다면, 사람들에게 당신이 스스로의 강점과 약점을 알고 있다는 사실을 반드시 알려라.

필요하다면 향후 어떤 변곡점에 이르렀을 때 비즈니스를 다음 단계로 추진하기 위해서 새로운 비즈니스 리더를 선임할 수도 있다는 점을 자진해서 밝혀라. 사람들이 이런 문제를 스스로 고민하도록 만들지 마라. 처음부터 솔직하게 밝히고 이 문제에 정면 대처하라. 사람들은 당신의 솔직함을 높이 살 것이다.

출구

●● 초창기 프레젠테이션에서는 출구The Exit 에 관해 절대로 언급하지 말아야 한다고 훈련받은 사람들이 많다는 것을 나도 잘 안다. 언젠가 팔아넘기는 것만을 유일한 목적으로 삼고 회사 설립을 계획하는 것이 위험하다는 점도 다들 알고 있을 것이다.

하지만 '언제, 어떻게 투자 수익을 얻을 것인가?'는 모든 투자자들의 마음속에 중요하게 자리 잡고 있는 문제다. '출구'에 지나치게 관심이 많거나 집중한다는 인상을 주지 않도록, 마지막 부분에 이 문제를 다룰 준비를 해두는 편이 좋다.

때로는 인수, 합병, 기업 공개IPO 등 같은 업계 내 유사한 벤처들의 최근 출구 전략에 관한 자료를 살짝 보여주거나 언급하는 정도로 은근하게 짚고 넘어갈 수도 있다.

사람들이 관심을 가질 만한 요소들을
최대한 많이 예측하라.
그리고 이에 대처하는 방식으로
초기 사업 스토리를 구성하라.

산 정상에서 이야기하라

당신이 저작권, 가출원, 영업 방법·의장·실용 특허 신청 등을 통해 사업에 대한 보호 조치를 취했다고 가정해보자. 그러면 이제는 적절한 청중을 상대로 들려줄 차례다. 잠자코 비밀을 지킬 이유가 전혀 없다. 오히려 그 반대로 제대로 들려줄 필요가 있다. 그 이유는 다음과 같다.

- 첫째, 아이디어를 추진하는 데 필수적인 귀중한 초기 자금을 확보하기 위해서.
- 둘째, 자신의 꿈을 실현시키고 상업화하는 것을 도와줄 만

한 자격을 갖춘 사람들을 뽑아 팀을 구성하기 위해서.

- 셋째, 당신의 여정 동안 겪게 될 좋은 시기와 힘든 시기에 가족과 친구들의 지속적인 지원을 받기 위해서.
- 넷째, 아이디어를 쌓아나가고 뒷받침하기 위한 추가 자금을 확보하기 위해서. 마지막 항목은 특별히 강조하고 싶어서 다시 한 번 언급했다.

당신이 자신의 사업을 들려줄 수 있는 장을 제공하는 모임은 잘 찾아보면 상당히 많다. 처음에는 작은 자리도 마다해서는 안 된다. 기회가 주어진다면 지역 로터리 클럽 모임에서 사업에 대해 이야기해도 될지 알아보아라.

모임에 참여해 당신의 사업에 대해 이야기함으로써 스토리텔링 실력을 더욱 가다듬을 수 있다. 사람들 앞에 나서서 이야기하는 것에 대한 두려움과 초조함을 극복하는 데도 상당한 도움이 된다.

로터리 클럽, 지역 경제발전위원회, 지역 벤처 콘퍼런스… 이런 모임들에서는 해당 지역에서 실제로 활동하는 사업가들의 이야기를 듣고 싶어 한다. 이들이 나중에 언젠가 사무 공간을 얻을 수도 있고, 지역 사람들을 고용할 수도 있으며, 이 작은 동네를 전국에 알리는 데 기여할 수도 있기 때문이다.

이런 기회들을 잘 활용하되, 즉각적인 성과를 얻지 못했다 하더라도 너무 실망하거나 좌절하지 마라. 나는 수많은 콘퍼런스에서 연설해봤고, 수백 명의 사람들을 만나 악수했으며, 수천 장의 명함을 돌렸다. 하지만 그렇게 공들인 노력의 대가를 얻는 일은 매우 드물었다. 그렇다 하더라도 청중 가운데 어떤 사람이 와 있을지, 집으로 돌아가는 늦은 밤 비행기 안에서 당신의 옆자리에 누가 앉게 될지는 아무도 알 수 없다.

몇 번 되풀이해서 듣고 난 다음에야 흥미를 보이는 사람들도 많다. 또한 당신이 그 자리에 서서 자신의 스토리를 다시 들려줄 만큼 지구력과 끈기가 있는지를 확인하고 싶어 하는 사람들도 있다. 어떤 이들은 개인적인 상황을 겪고 난 후에 비로소 깊이 공감하게 될 것이다. 다른 것을 다 떠나서 당신이 많이 사람들에게 들려줄수록 이야기하는 것이 더욱 수월해지고 순조로워지며 설득력도 높아지게 된다.

당신이 이런 척박한 언덕에 몇 번 오르고 나서 사람들이 어느 정도 흥미를 느끼게 되면, 이제는 더 높은 산에 오르기 위해 투자할 때다. 바로 연례회의annual convention 말이다. 업계마다 이런 회의는 하나씩 다 있다. 메일링 리스트에 이름을 올려두면 깜짝 놀랄 정도로 참석 요청을 자주 받게 될 것이다.

비용이 많이 드는 경우도 있고, 초청 연사로서 당신이 사용한 경비를 추후에 환급처리 해주기도 한다. 잘 선택해서 참여하고 철저하게 준비하라!

그런데 이런 대형 콘퍼런스에서는 대개 사업에 대해 이야기할 수 있는 시간이 한정되어 있다. 때로는 고작 8~10분밖에 시간이 안 주어질 때도 있다.

나의 사업 스토리:
모든 작은 경험도 소홀히 하지 마라

●● 초창기 몇 년간이 나에게는 아직도 생생해하다. 그중에서도 특히 또렷하게 기억나는 일이 있다. 그 당시 엔지니어 두 명과 미네소타에서 온 마이크, 그리고 내가 임시로 사용하던 사무실이 있었다. 거기서 우리는 커피를 수없이 마시며 이야기를 나누고 일을 하곤 했는데, 그 사무실을 임대해준 주인이 어느 날 문득 나를 초청한 적이 있었다.

그 사람은 돌아가신 삼촌한테서 이 창고 건물을 물려받았는데, 뉴저지에서 플로리다 한복판으로 기꺼이 삶의 터전을 옮겨왔다. 다소 이른 은퇴 계획의 일환이었다. 버뮤다 셔츠를 풀어헤치고 가슴팍에는 잉글리시 머핀을 먹다 흘린 부스러기가 붙어 있는 채로 불을 붙이지 않은 시가를 질겅질겅 씹던 그는 문득 나에게 이렇게 말했다.

"음… 다음 주 목요일에 우리 로터리 클럽 모임에 나와서 사업에 대해 이야기해보지 않겠어요?"

마치 나에게 데이트라도 신청하는 것 같았다.

놀랍게도 그때까지만 해도 나는 로터리 클럽이 도대체 무엇인지도 몰랐다. 막연하게 로터리 엔진(rotary engine, 피스톤이 회전하는 내연기관)과 관련 있는 곳이 아닐까 착각할 정도였으니까. 지역 내 사업주들의 친목 모임이라는 설명을 듣고 나서야 재빨리 초청을 수락했다. 동네 인맥을 늘려나가는 것도 괜찮겠다는 생각이 들었기 때문이다. 그는 내가 새로 시작하려는 사업에 대해 슬라이드 몇 장을 보여주면서 구체적으로 설명해줄 수 있겠냐고 물어보았다.

"물론이죠!"

그때까지는 그게 내가 한 일의 전부였다. 나는 그곳에 모이는 사람들이 어떤 사람들인지도 몰랐다. 나중에 알고 보니 식당 주인에서부터 임시 고용업체 직원들에 이르기까지 다양했다. 어떻게 하면 내 사업을 가장 효과적으로 전달할 수 있을지도 잘 몰랐고, 모임이 열리는 장소도 몰랐다. 나중에 알고 보니 쉐라톤

호텔의 작은 회의실이었다.

회의실에 프로젝터는 있었지만 화면을 쏘아줄 스크린이나 벽이 없었다. 그래서 나는 싸구려 레드 와인을 한 잔 더 손에 들고, 연설자인 내 소개를 기다렸다가 단상 위로 올라갔다.

그러고는 내가 그전에 미네소타 세인트폴에서 마이크에게 들려줬던 사업과 똑같은 사업 이야기를 사람들에게 들려주기 시작했다. 놀랍게도 청중은 내 이야기에 매료되었다. 지금껏 그런 이야기를 들어본 적이 없다면서. 내가 그들에게 후크를 걸었다는 것은 분명했지만, 그들을 계속 사로잡아둘 이유가 없었다.

내 발표가 끝난 다음, 우아하게 차려입은 나이 든 여성분이 나와서 신규 오픈을 앞둔 자신의 보석 가게에 대해 이야기하기 시작했다. 그러자 청중은 재빨리 손에 들고 있던 음료를 다 마셔버리고는 하나둘 자리를 떴다. 누군가가 내 팔을 잡아끌었다. 지역 은행에 근무한다는 은발의 신사 한 분이 꼬깃꼬깃한 명함을 내 손에 쥐어주면서 이렇게 물어보았다.

"플로리다 벤처 포럼에서 프레젠테이션을 하신 적이 있나요? 선정 위원회에 내가 아는 사람이 하나 있는데, 그 포럼에 연설자로 참여해주신다면 다들 좋아할 겁니다."

그로부터 3개월 후, 나는 300명이 넘는 잠재 투자자들 앞에 서 있었다. 내 뒤에 설치된 고화질 스크린 세 개는 우리가 준비한 최초 시제품의 설계 도면을 동시에 보여주었다. 나는 정신을 집중해서 노란 벽돌길을 벗어나지 않고 따라갔고, 내 입에서는 사업 이야기가 술술 흘러나왔다.

나는 국내외에서 사람들에게 사업에 대해 이야기한 경력이 이제 20년을 넘어서고, 어떤 때는 1,200명이나 되는 사람들 앞에서 발표를 한 적도 있다. 그런데도 저 아래 어딘가에서 커다란 디지털시계가 나를 지켜보고 있는 상황에서 단상에 서서 이야기를 한다는 것은 정말 두려운 일이다.

내게 주어진 시간을 모두 써버리고 나면 마이크가 꺼져버릴지도 모른다는 생각을 하며 시간이 점점 줄어드는 것을 보고 있으면 진짜로 초조해진다. 그럴 때는 당초에 작성했던 파워포인트 슬라이드로 다시 돌아가는 것이 좋다. 다듬고 잘라내고 또 잘라내라.

후크와 홀드는 반드시 지키도록 하라. 사람들이 더 많은 정보를 물어보게 만들어라. 그리고 가장 중요한 것은 그 노란 벽돌길에서 벗어나지 마라!

상대적으로 중요성이 떨어지는 경험이라 하더라도
소홀하게 하지 마라.
기회가 닿을 때마다 사람들에게 당신의 사업을 말하고
소개하는 실력을 연마하도록 하라.
자신감과 스타일, 흐름을 확립해서
점점 자연스럽고 편안하고 자신감 있게
표현할 수 있도록 하라.

보수주의자들 설득하기 : 작게 나누어라

설령 어떤 이유에서건 당신이 사업을 접기로 결정했다 하더라도 당신의 사업 이야기가 끝났다는 것은 아니다. 그런 결정을 내렸다 해도 그동안 노력해온 과정을 통해 분명히 값진 무언가를 배웠을 것이고, 자신의 경험을 바탕으로 다음에는 또 다른 이야기를 들려줄 수 있을 것이다.

이와 반대로 만약에 성공을 거두게 된다면, 여정을 밟아가는 동안 다양한 사람들을 대상으로 여러 차례에 걸쳐서 당신의 사업이 무엇인지 계속해서 말해야 할 것이다. 지금은 없지만 앞으로 실현될 그것이 무엇인지 사람들에게 생생하게 보여주고 지지를 얻을 수 있어야 한다.

당신의 이야기를 듣는 사람들은 궁극적으로 아웃사이더와 인사이더, 이렇게 두 그룹으로 나뉜다. 아웃사이더들에게 사업에 대해 설득하고, 표현하고, 들려주는 것은 지금까지 내가 설명한 방식을 따르면 된다. 물론 다음 장들에서도 이에 관해 자세히 다룰 것이다.

반면에 인사이더들에게 사업에 대해 들려주는 것은 이와는 사뭇 다른 문제다. 당신의 직원들, 투자자들, 은행가들, 변호사들, 친구들과 가족들이 바로 인사이더들이다. 이들 모두는 당신이 발을 담그고자 하는 분야를 이미 속속들이 알고 있는 사람들로, 그 이야기를 이전에 들어본 적이 있을 가능성이 높다. 당신이 이야기하는 모든 세세한 부분에 대해 익히 알고 있다.

이들은 음료를 마시며 이미 한참 동안 당신의 이야기를 들어왔다. 그러면 누구보다 보수적으로 사업을 다루고 있는 이들을 위해서는 어떤 것들이 필요할까?

새로운 사업 문화를 만드는 3가지 요소

●●

1. 헌신DEDICATION

인사이더들이 당신의 확고한 신념을 직접 보고 듣고 느껴야만 당신의 사업은 살아남아 실현될 수 있을 것이다. 어떤 날은 열정적이었다가 또 다른 날은 냉정했다가 해서는 안 된다. 또한 어느 날 문득 이제는 그 사업을 추진하기 싫어졌다고 해버려서는 안 된다. 실패도 실패지만, 그 많은 사람들이 당신의 여정에 참여하도록 해놓고 나서 포기해버리는 것은 완전히 다른 문제다.

2. 일관성CONSISTENCY

목표 조정에 관해서는 조금 후에 다루도록 하겠다. 때로는 전체 사업의 틀을 유지하기 위해서 이런 방법을 살짝 활용할 필요도 있다. 살아남기 위해서, 게임에 계속 참여하기 위해서 말이다. 하지만 비즈니스에서 여러 변곡점을 달성할 수 있도록 내부팀 전원이 같은 목표를 향해 노력하기를 바란다면, 일관성을 지키는 것이 무척 중요하다.

새로운 외부 사람들에게 사업에 대해 들려줄 때는 주요 요소들에 변화를 줘도 괜찮다. 그들은 대조해서 정확성을 확인할 만한 사전 정보가 없기 때문이다. 그러나 직원들과 지원 인력에게 일관성을 유지하는 것은 안정을 확보하고 그들의 애사심을 얻는 데 매우 중요하다.

3. 열정ENTHUSIASM

사업의 창작자로서, 당신은 일을 추진하는 데 필요한 태생적인 열정과 흥분을 지니고 있을 것이다. 팀을 구성하고 주식 및 스톡옵션 제공 등 그들의 특권을 늘려 당신의 여정에 동참할 용기를 내준 사람들에게 보상을 베풀 때, 당신의 열정은 고난을 겪고 환상이 깨지는 등 어려운 시기를 거치는 동안의 원동력이 되어야 한다. 마치 신자들에게 설교를 하는 것처럼 영감을 주어야 한다. 당신은 사람들 마음속의 열정에 불을 붙이고, 그 불꽃이 계속 타오르도록 꾸준히 노력해야 한다.

헌신, 일관성, 열정 이 세 가지는 새로운 사업의 문화를 만드는 데 기반 역할을 한다. 문화는 스토리텔링을 이루는 요소는 아니지만, 이야기로부터 생겨나는 것이다. 당신이 어떻게 이야기를 들려주는가, 또 어떻게 그 이야기대로 살아내는가에 따라 문화가 만들어진다.

작은 차원으로 나누어라

●● 보수주의자들을 설득하기 위해서는 적절한 타이밍과 기회를 잡아서 보다 작은 차원의 이야기를 들려주어야 한다. 이런 사람들은 지금까지 전체 이야기를 이미 수차례 들었으며, 어쩌면 공감할 수 없거나 스스로 아무것도 바꿀 수 없는 요소들에 대해 듣는 것을 지겨워할 수도 있다. 따라서 특정한 그룹의 내부 청중과 관련이 있는 부분들로 이야기를 잘게 나눌 필요가 있다.

예를 들어 영업 및 마케팅 담당자들에게 생산 과정에 대한 이야기를 하는 것은 별로 의미가 없을 것이다. 약간 흥미를 느낄지는 몰라도, 큰 의미가 있거나 대단한 가치가 있지는 않을 것이다. 특정한 사람들에 초점을 맞추어 축약하거나 조정할 필요가 있다. 그들은 이미 기나긴 버전을 다 들었기 때문이다.

플로리다 남부에서 내가 어느 회사의 임시 CEO직을 맡았을 때의 일이다. 이 회사는 뇌졸중이나 외상성 뇌손상으로 시력을 잃은 환자들이 시력을 회복할 수 있는 혁신적인 치료법을 개발했다. 뇌의 뒤쪽 아래 부분에 있는 시각피질에 손상을 입은 나머지, 그 외상의 위치에 따라 1/2에서 2/3 가량의 시력 상실을 겪게 된 환자들이었다.

이 회사는 뇌가 스스로 재배열하도록 하는 광학 신경자극 치료법을 설계했다. 인접한 세포 조직에 자극을 가해서 손상 부위에서 상실된 시각 기능을 제공하도록 하는 방법이었다. 이러한 과정을 생리학적 용어로는 신경가소성(neuroplasticity, 뇌가 환경과 경험에 따라 변화하는 성질)이라고 부른다.

이 회사가 엄청난 임상적·상업적 성공을 거두었음에도 불구하고, 나는 보험회사들이나 메디케어(Medicare, 미국 정부가 지원하는 노인 의료보험)가 이런 치료에 드는 비용을 환급하도록 설득하지 못했다. 환자들은 자비를 털어 치료비를 부담해야만 하는 상황이었다. 안타깝게도 이들 중 대다수는 보잘것없는 고정 수입에 의존해서 살아가는 노인들이거나 참전 용사였고, 보유한 현금이 거의 없거나 아예 없었다.

이 회사는 재정적으로 어려움을 겪게 되었다. 벤처 캐피털을 더 끌어 모으지 못했기 때문에, 보다 적은 비용으로 환자들을 치료할 기술과 방법을 찾아내야만 했다. 야속하게도 시간은 점점 흘러갔고 직원들의 사기와 의욕도 떨어졌다. 신뢰성이 부족해 보였고, 내부 청중을 붙들어 놓을 만한 '홀드'가 점차 사라지고 있었다.

'배를 바로잡기 위해' 노력하는 와중에 드디어 내 사업의 이야기를 강화할 수 있는 기회가 찾아왔다. 치료 예후가 가장 좋은 환자들 중 한 명이 플로리다에 휴가차 들렀는데, 우리 회사를 방문하고 싶다고 한 것이다.

그날 회의실은 직원들로 가득 찼다. 자리가 부족해서 구석구석에 서 있는 사람들도 많았다. 회사 상황이 악화되어서 더 많은 직원들이 해고된다는 소식을 듣게 될지도 모른다고 생각하며 다들 바짝 정신을 차리고 있는 모습이었다.

나는 사전 설명을 늘어놓는 대신 바로 본론으로 들어갔다. 우리 회사에 방문한 환자의 임상 사례에 대한 요약이었다. 이 환자의 시야가 치료 전후에 어떻게 변화했는지를 보여주었다. 다들 예전에 한번쯤 본 적이 있는 자료였다. 스크린의 3/4을 빽빽하게 채운 까만 부분은 시력을 잃은 영역을 나타냈고, 작고 네모난 하얀 조각들은 약간의 시력이 남아있는 제한적인 영역을 가리켰다.

마치 기적이라도 일어난 것처럼, 치료 이후의 사진에서는 하얀 부분이 훨씬 더 넓어진 것을 볼 수 있었다. 오른쪽 상단에 잔존 실명 부분들이 몇몇 까만 점들로 남아 있는 정도였다. 그 사진은 볼 때마다 소름이 돋을 정도로 놀라웠다.

그런 다음 나는 일어나서 회의실 문을 열고, 방금 보여준 이미지의 주인공인 바로 그 환자를 맞이했다. 자리로 안내한 후 내가 그 환자를 소개하자 그녀는 울기 시작했다.

"고맙습니다, 모두 정말 고맙습니다. 당신 덕분에 제 삶을 다시 찾을 수 있었어요."

그녀는 자신이 어린 시절 뇌졸중을 겪어 맹인이 되었고, 시력의 23퍼센트밖에 남지 않게 되었다고 말했다. 운전면허도 직장도 모두 잃고 심지어 결혼생활까지도 파경을 맞게 되었다. 그녀와 네 살 난 딸은 아버지를 여의고 혼자 살고 계신 친정어머니와 함께 살게 되었고, 어렵게 겨우 돈을 모아 치료비를 마련할 수 있었다. 6개월 후 그녀의 시력은 80% 수준으로 회복되었다. 그 덕분에 운전면허도 다시 딸 수 있었고, 파트타임이기는 해도 다시 일자리를 구할 수 있게 되었다.

회의실을 가득 메운 모든 사람들의 눈시울이 붉어졌다. 환자는 오직 그녀만이 할 수 있는 이야기를 진술하게 했다. 30분도 안 되는 짧은 시간 동안 그녀는 우리에게 새로운 차원의 헌신을 불어넣어주었다. 내 사업의 일관성을 재확립해주었고, 우리 모두의 열정을 새롭게 해주었다.

언제나 가장 기본적이고 핵심적인 요소들로 돌아가라.
처음에 사람들을 사로잡았던
매력적인 특징들을 다시 언급하라.

당신의 여정에 동참해준 사람들이 보여준 용기를 칭찬하고, 헌신에 감사하라.

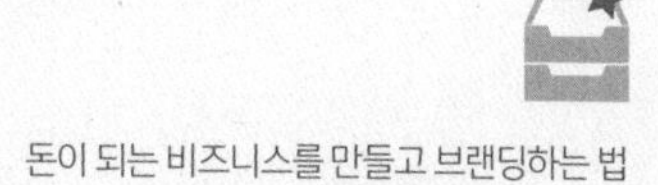
돈이 되는 비즈니스를 만들고 브랜딩하는 법

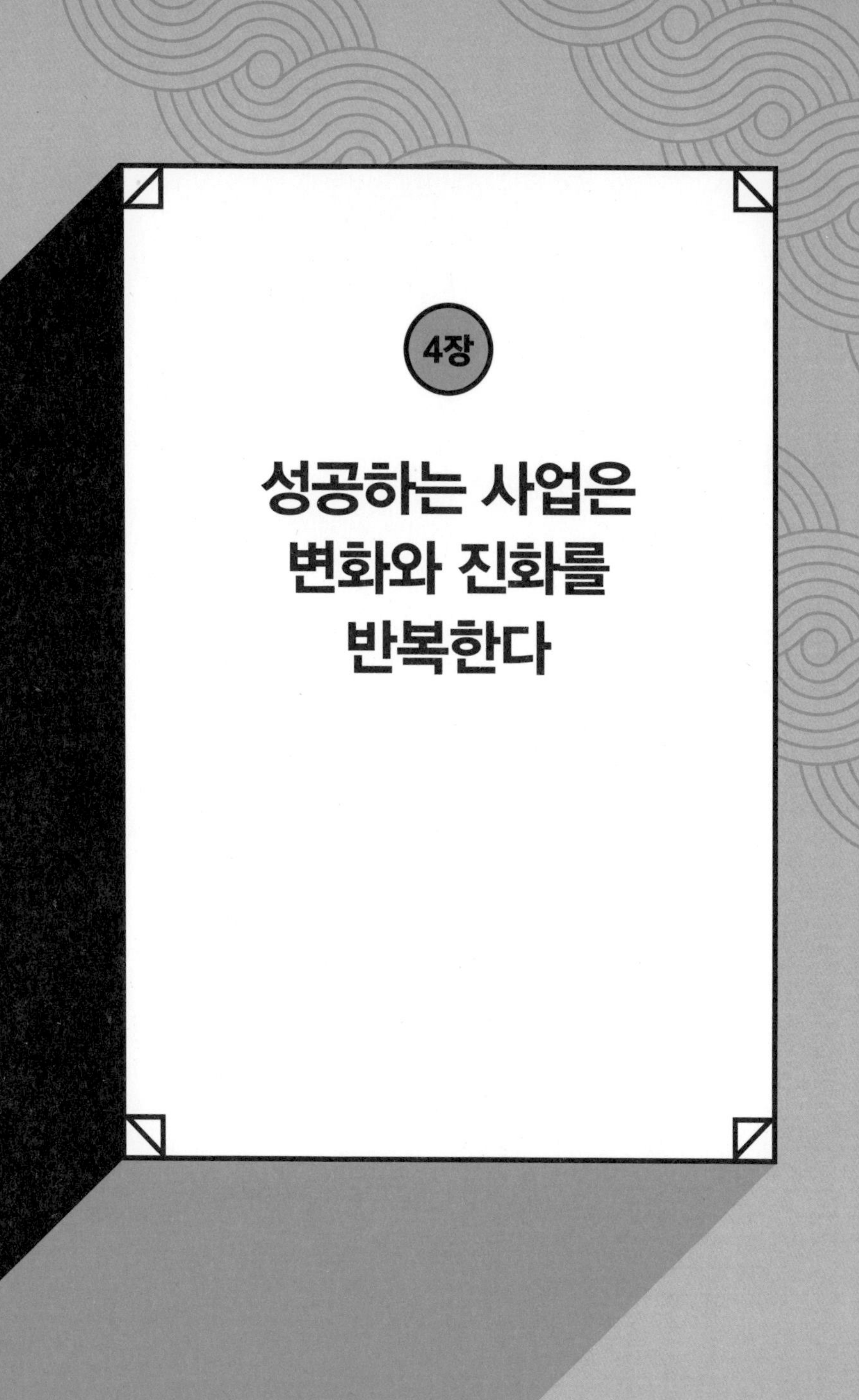

4장

성공하는 사업은 변화와 진화를 반복한다

절대 과장하거나 허튼소리를 하지 마라

매력적인 아이디어는 매력적으로 표현되어야 한다. 많은 사람들이 매력적인 아이디어를 가지고 있으면서도 잘 표현하지 못해 투자를 받지 못하고 좌절하는 경우를 너무나 많이 보았다.

이 책 전체를 통해 이야기하고 있듯이, 사업을 매력적인 이야기로 사람들에게 들려주는 것은 사업가가 가져야 할 필수적인 요소다.

여기서는 이와 관련하여 내가 가장 좋아하는 주제들 중 하나인 윤색embellishment에 대해 논하기 전에, 일단 몇 가지 용어에 대한 정의를 알아보도록 하자.

사업가가 가장 경계해야 하며, 하지 말아야 하는 것은 과장하는 것과 허튼소리를 하는 것이다. 그런데 많은 사람들이 허튼소리와 과장을 윤색과 헷갈려 한다. 이 세 가지가 어떻게 다른지 분명히 짚고 넘어가려 한다.

허튼소리

허튼소리bullshit의 사전적 정의는 '헛소리, 실없는 말 또는 과장'이라고 한다. 예전의 미국 영어 용법으로는 '진실하지 못한, 거창한 수사'를 가리키기도 한다. 나는 이 두 가지를 적절히 섞어서 '거창한 과장eloquent exaggeration'이라고 정의하고 싶다. 그러므로 허튼소리나 하는 사람은 거창하고 과장된 말을 하는 사람을 가리킨다.

과장

바로 앞에 언급한 정의에 이 단어가 들어가므로, 이에 관해서도 명확히 뜻을 밝혀둘 필요가 있다. 과장exaggeration의 사전적 정의는 '실제보다 심각한 것처럼 말하는 행위, 또는 주제의 중요성이나 진실을 잘못 표현하는 행위'를 의미한다.

만약 신생 벤처 기업이 "우리의 새로운 검색 엔진 기술은 구글이나 야후보다도 더욱 정교하며, 향후 2년 내에 시장을 점령

할 계획이다."라고 주장한다면 이는 분명한 과장이다.

지나치게 과장하지 마라. 구체적으로 세분화해서 장점과 특징을 비교하라. 시장을 선도하는 기업들의 비즈니스를 어떻게 잠식해나갈 계획인지를 정직하게, 체계적으로 보여주어라.

윤색

윤색은 '사실적인 진술에 대한 허구적인 내용의 추가'를 가리킨다. 어떤 이야기를 개선하기 위해, 구체사항이나 장식을 덧붙이기 위해, 미화하거나 흥미를 더해주기 위해서 윤색을 한다. 멜로디는 노래에 대한 윤색이라 할 수 있다. 사진을 포토샵으로 수정한다면 그 이미지를 윤색하는 것이다.

윤색은 사업을 매력적으로 표현함에 있어 핵심적이다. 깊이 녹아들어 있어야 하며, 절대로 윤색을 배제해서는 안 된다. 그런데 허튼소리와 과장의 정의를 다시 상기해보면 알 수 있듯이, 지나치게 윤색을 밀어붙이면 미묘한 경계에 다다르게 된다.

당신이 사업을 들려주는 목적은 결국 다른 사람들로 하여금 그들이 피땀 흘려 번 돈을 투자하도록 만들거나, 안정적인 직업을 버리고 당신이 새로 시작하려는 벤처에 참여하도록 이끌려는 것이다.

당신에게 허튼소리를 하거나 과장할 권리가 주어진 것이 아니다. 이 권리를 남용하거나 월권하게 되면, 당신의 성공 가능성이 위태로워질 뿐만 아니라 당신의 평판까지도 해를 입힐 수 있으며 심지어 소송에 휘말릴 수도 있다.

때로는 자신의 스토리를 들려주는 동안 진정으로 신이 나거나 흥분한 나머지 자연스럽게 윤색이 일어나기도 한다. 이런 경우의 윤색이 가장 좋다. 미리 짜두거나 계획해둔다면 너무 억지스럽게 느껴지거나 다소 매달리는 듯한 인상을 줄 수 있다.

내 경험에 따르면, 윤색이 일부 들어갈 경우에는 핵심을 벗어나 이야기를 확장하겠다고 솔직하게 사람들에게 말해두는 것이 좋다. 그러면 사람들은 새로운 사업이 어디까지 성장할 수 있을지에 관한 당신의 비전으로 받아들일 수도 있다.

현재의 콘셉트를 넘어서서 그 이후까지도 당신이 이미 생각하고 있다는 것을 그들에게 알려주어라. 당신의 사업이 먼 미래까지도 이어진다는 것을 말이다.

나의 사업 스토리:
상상할 수 있도록 제시하라

●● 자금을 모으거나 시장의 기

회에 관해 설명할 때는 시장의 크기를 과장할 수는 없으며, 과장해서도 안 된다. 모든 통계 자료가 다 나와 있기 때문이다.

만약 당신이 사람들에게 허튼소리를 한다면, 사람들은 당신이 허튼소리를 한다는 것을 이미 알고 있을 것이다. 운이 좋게도 그러한 사실을 숨긴 채 넘어간다고 해도 그들의 숙제, 즉 기업 실사를 끝내고 나면 바로 그런 사실을 알게 될 것이다. 한순간의 환호를 위해 당신의 평판과 신뢰를 맞바꿀 것인가?

절대 과장하거나 허튼소리를 하지 않아야 하지만, 당신은 대담해야 한다. 나는 기술이 어디까지 발전할 수 있을지에 대한 비전에 관해서는 대담하게 말하곤 한다. 앞에서 언급했던 삽입 가능한 자동초점 렌즈 사례를 기억하는가?

구글 글래스를 착용하면 시스템의 전방투영장치에 내비게이션 지도를 투영할 수 있게 된다. 우리는 구글 글래스를 뒷받침하는 기술을 검토한 후에, 이런 기능을 눈 안에서 제공할 수 있는지에 관해 알아보았다. 삽입 가능한 마이크로칩과 광학 부품들은 충분히 그런 역량을 갖추고 있었고, 무선 주파수 통신 코일은 적절한 데이터를 송·수신할 수 있었다.

그런데 문제는 장착형 전지였다. 에너지 용량의 약 3배 이상을 제공해야만 했다. 삽입 가능한 배터리 기술이 진화한다면 그런 제품을 만드는 것도 가능해질 것이다. 물론 렌즈도 픽셀화가 제대로 되어야 한다.

현재에는 없지만 실현되어야 하는 이 기술에 대한 이해를 높이기 위해 나는 프레젠테이션 마지막에 이미지 삽입을 하여 이야기를 윤색하기로 했다. 사람들이 익히 알고 있는 이미지가 효과적일 것 같았다. 나는 터미네이터의 눈이 빨갛게 빛나는 장면을 프레젠테이션 마지막에 덧붙였다. 맨마지막에는 아이언맨의 마스크 렌즈 위로 정보가 디스플레이되는 모습을 보여주었다. 이런 기술을 백내장 치료뿐만 아니라 다양한 제품에 적용할 수 있다면 어떨지 사람들이 상상할 수 있도록 했다.

화면을 보며 활짝 웃는 사람들을 보면 윤색을 하길 잘했다는 생각이 들었다. 물론 이런 것들은 현재에는 없다. 미래에야 실현 가능한 디자인이고, 그러기 위해서는 개발에 더 많은 노력을 기울이고 훨씬 더 많은 자금을 투자해야 한다는 말 또한 덧붙였다.

나의 사업 스토리:
목표 수정은 실패가 아니다

●● 지난 경험을 돌이켜보니 당부의 말을 한 마디 덧붙여야겠다. 윤색을 하기 전에 먼저 당신

의 이야기를 듣는 사람이 누구인지 정확히 파악하는 것이 중요하다.

언젠가 어느 주요 투자자가 면담을 요청한 적이 있었다. 우리 이사회의 일원이었는데, 12월 초 어느 날 나에게 전화를 하더니 심각한 목소리로 "다음 주 월요일 아침에 미니애폴리스로 즉시 달려와서 조찬을 함께 해달라"고 요청했다. 사실상 요청이라기보다는 요구에 가까웠다. 유명한 벤처 캐피털리스트인 그의 특별한 부탁을 나는 쉽사리 거절할 수가 없었다.

그로부터 4일 후, 우리는 김이 모락모락 나는 커피 잔을 앞에 두고 마주앉았다. 그는 외투도 미처 벗지 않고 스카프도 풀지 않은 채였다.

"지난 번 이사회 때 받은 자료들을 보다 면밀하게 검토해보았어요. 조만간 우리 펀드의 투자자들을 만날 예정이거든요."

그는 그제야 장갑을 벗기는 했지만, 여전히 메뉴에는 눈길조차 주지 않았다. 나는 문득 '(본격적으로 싸우기 위해) 장갑을 벗다 the gloves coming off'라는 은유적 표현을 떠올렸다.

그는 계속 말을 이어갔다.

"… 당신과 경영 팀의 수익 예상치가 빗나간 게 이번이 벌써 세 번짼니다. 더 이상 용납할 수가 없어요. 조만간 당신은 이 모든 사태에 대한 책임을 져야 할 겁니다."

그런 대치 상황이 벌어질 거라고는 짐작하지 못했기에 당황스러웠다.

"우리는 매 분기마다 이사회에 보고를 하는데, FDA 승인과 의사 트레이닝 세션이 지연되는 바람에 매출 예상치를 수정하게 된 겁니다. 여러 주요한 가정critical assumptions을 활용해서 상향식으로 이런 계획을 세운다는 걸 잘 아시지 않습니까. 이는 말 그대로 가정이므로 변화할 수도…"

그는 내 말을 가로막고 반박했다.

"어디서 허튼소리를 늘어놓는 겁니까. 우리가 투자하기 전에 당신이 나에게 열띤 목소리로 설명했던 당초 수익 예상치를 말하는 겁니다. 사소한 문제가 발생할 때마다 계속해서 목표를 수정하고 있지 않습니까."

나는 이를 꽉 깨물고 커피 잔을 꽉 쥐다가 문득, 내가 이 투자자를 제대로 이해하지 못하고 있었다는 사실을 깨달았다. 다른 벤처 투자자들에게 들려준 것과 같은 방식으로 그에게 이야기를 들려주기 전에, 그의 투자 전략과 이력을 좀 더 면밀하게 살펴볼 필요가 있었다는 생각이 들었다.

단순하게 총매출액 증가top-line growth를 가치 창출과 동일시하는 투자자들로부터 그가 압력을 받고 있는 것이 분명했다. 내가 대응을 하기도 전에 그는 단정적인 어조로 한마디를 더 내뱉었다. 내 눈을 뚫어져라 들여다보며 가까이 다가온 그는 이렇게 말했다.

"이봐요, 친구, 계속 이런 식으로 하다가는 소송에 휘말릴 수도 있어요."

나는 친구라면서 소송을 운운하다니 그런 소리는 어불성설이라고 말해주고 싶었지만 꾹 참았다. 그 대신 다시 한 번 설명을 해주었다.

"당초 계획상의 매출 예상치는 최종 제품이 나오기도 훨씬 전에 작성된 겁니다. 장점과 특징이 확정된 최종 제품에 맞춰서 영업 및 마케팅 전략을 세우는 것입니다."

그도 그렇다는 걸 알고 있었다. 나도 그가 그걸 안다는 걸 알고 있었고, 그도 내가 그가 그걸 안다는 걸 안다는 걸 알고 있었다. 한 시간이나 토론을 한 이후에야 우리는 다시 의견의 일치를 볼 수 있었다.

사업을 하다 보면 각 단계마다 목표 수정이 발생하곤 한다. 사업가라면 누구나 이해하겠지만, 때로는 게임에 계속 참여하려면 목표 수정이 필수적이다. 그건 과장도 윤색도 아니었지만,.이 투자가에게는 과장된 윤색이자 거의 사기에 가까운 소리로 들렸던 것이다.

이런 이유로, 당신의 스토리 중 문서로 이루어진 부분들을 한데 모을 때 사내 변호사의 도움을 받는 것이 좋다. 이 책의 첫머리에 내가 일러두기를 수록한 것과 마찬가지로, 당신 또한 잠정 투자자들에게 회람할 투자 설명서에 적절한 면책 문구를 넣어 둘 필요가 있다.

곤란한 상황을 모면할 수 있는 만능 카드 같은 건 없지만, 유능한 사내 법무 인력이 있다면 법적 책임을 질 수도 있는 상황 및 장기적으로 곤란한 문제를 상당 부분 피할 수 있을 것이다.

절대로 허튼소리를 하거나 과장하지 마라.
조심스럽게 접근하라.
사실을 제공하고 후크를 건 이후에야
윤색을 고려할 수 있다.
또한 공식 문서는 배포하기 전에 시간과 비용을 들여
전문적인 법률 검토를 거쳐야 한다.

목적이 분명할 때 변화하라

이 책의 앞부분에서 나는 이렇게 말한 적이 있다.

"변화를 정당화할 만한 충분한 근거를 확보하기 전까지는, 최대한 일관성을 유지하도록 노력해야 한다."

이는 당신의 사업을 듣는 개개인에게 모두 마찬가지다. 매번 조금씩 다르게 당신의 사업에 대해 이야기하면 당신의 사업이라는 성은 무너지기 시작한다. 하지만 다음 4가지 이유라면 사업 스토리에 대한 수정을 고려할 수도 있다.

- 사려 깊은 의견과 피드백을 반영하기 위해서.

- 개발 과정에서 실질적인 변화나 진전을 이루어낸 경우, 또는 지연을 겪은 경우(물론 이런 경우에도 편의대로 목표를 수정했다고 날을 세우는 사람들이 간혹 있을 수 있다).
- 주의 집중 시간이 짧은 편인 사람들을 붙들어두기 위한 목적으로 새롭게 업데이트하기 위해서.
- 회사의 미션과 목표를 새롭게 설정하기 위해서(이 주제에 관해서는 바로 다음 장 전체를 할애해서 다루도록 하겠다).

내가 사업 하나에 47개 프레젠테이션을 준비하는 이유

나는 세 번째 사업을 추진할 때에야 비로소 사업 스토리의 변화 추이를 따라가는 것의 중요성을 절감하게 되었다. 내 컴퓨터 안에는 사업 요약서 및 PPT 프레젠테이션 자료들의 여러 수정본이 시간 순으로 깔끔하게 번호가 매겨져 정리되어 있다.

벤처 투자자, 민간 투자자, 기관 투자자, 심지어 실무 회의 등 청중의 종류에 따라 수십 개의 폴더로 분류되어 있다. 특정한 사람들의 구체적인 관심사에 맞추어서 같은 사업이라도 소개하는 방향을 조금씩 다르게 수정해두었다. 어떤 파일은 파워포인트 프레젠테이션 버전이 47개에 달하기도 한다.

왜 47개나 필요할까?

처음 열 몇 개의 슬라이드 프레젠테이션은 20분 안에 스토리를 처음부터 끝까지 들려주기 위해 고안된 것들이다. 20분은 사람들의 관심을 이끌어내기에는 충분한 시간이지만, 진지하게 참여할 의향이 있는 투자자와 깊이 있는 논의를 나누기에는 부족한 시간이다. 그런 투자자들은 결국 나에게 60분 내지 90분을 할애하게 된다. 그 한 시간 남짓한 시간 동안 상대방은 내가 정말 철저하게 모든 것을 검토하고 계획했는지를 판단한다.

따라서 이 프레젠테이션 자료들은 기본적으로 같은 그림을 보여준다. 이후의 버전들은 그저 화질이 보다 좋거나 색상이 더욱 다채로울 뿐이다.

그 다음의 실제 수정본들은 사람들이 새롭게 제기한 문제들에 대한 답변을 제공하기 위한 것들이다. 예상하지 못했던 질문들을 받을 수도 있기 때문이다. 사업을 매각하는 것에 관한 나의 개인적인 견해에 누가 진짜로 귀를 기울일지, 또한 사람들 가운데 누가 이를 산만한 요소로 여기고 지금 단계에서는 여기에 주목해서는 안 된다고 생각할지를 알아내는 데는 꽤 오랜 시간이 걸렸다.

이 다루기 어려운 주제는 투자자의 종류, 현재 회사가 처해 있는 단계, 심지어 스토리를 들려주는 시점에서의 경제 상황 및 여건에 따라 달라진다. 나는 어떤 벤처 캐피털 투자자들이 그들의 투자 전략을 변경했다는 것을 알게 된 다음에 타이밍과 결말을 바꿔야 한 적이 있었다. 그들에게는 투자 후 3년 안에 매각을 실현시킬 가시성이 필요했던 것이다.

그래서 나는 프레젠테이션 결말을 수정하여 그 기간 안에 회사 매각이라는 목표를 이뤄낼 수도 있다는 것을 보여주었다. 물론 내가 기업 가치평가나 투자 수익을 구체적으로 약속할 수 있는 방법은 없었다.

순서만 바꿔도 새로워진다

그 다음으로는 기존의 개발 계획에 예상치 못한 변화들이 발생함에 따라 수정이 필요한 경우가 있다. 이런 변화들 중 대다수는 안 좋은 상황이다. 디자인을 다시 해야 하거나, 생산에 차질이 생기거나, 벤더의 이월 주문 등 어쩔 수 없는 상황으로 인해 지연이 왕왕 발생하곤 한다.

상황이 운 좋게 풀려서 기한이 단축되거나 '경비가 예산 범위 안으로 들어오는' 방법을 찾게 되는 경우는 거의 없다. 이런 부득이한 상황 때문에 계획을 수정하더라도 어떤 사람들은 '목표를 조정한다'면서 못마땅해 할 것이다.

이러한 이유로 수정이 필요한 경우에는 청중 하나하나에게 최대한 빨리 이를 알리는 것이 중요하다. 몇몇 사람들에게만 말해주고 다른 사람들에게는 말해주지 않는다면 추후에 혼란만 가중될 뿐이다. 아무에게도 말하지 않는 경우에는 당신과 당신의 팀에 대한 신뢰가 사라지고 불신이 커지게 된다.

마지막으로, 스토리에 대한 정기적인 수정이 필요한 이유 중에서 가장 가치 있고 즐거운 경우에 관해 말하고자 한다. 모든 것이 순조롭게 진행되고, 드디어 잠시 물러나서 한숨 돌리고 그 동안의 노력에 대한 성과를 평가할 때, 바로 그 순간이 사업을 새롭게 다시 정비할 만한 적기다.

새로운 모습으로 보여주고, 들려주고, 사람들이 새롭게 느낄 수 있도록 만들어라. 로고를 바꾸는 것도 고려할 만하다. 미국 기업들은 일생 중 대개 7번 내지 12번 가량 로고를 변경한다. 펩시콜라만 해도 지금의 로고가 벌써 11번째다!

프레젠테이션 자료의 폰트와 색상만 바꾸더라도 스토리가 조금쯤 새로워진 느낌을 줄 수 있다. 나는 구성 요소들의 순서를 바꾸어서 스토리를 수정하는 방법을 선호한다. 내가 몇 년 전에 진행했던 사업의 사례를 들어 설명하도록 하겠다. 솔라리버스SOLARIBUS라는 회사에 관한 이야기다.

솔라리버스는 베트남 전쟁 당시 군사용으로 쓰였던 기술에 대한 라이선스를 확보하고 이를 새롭게 디자인했다. 울창한 정글 위로 헬리콥터가 날아가면, 하단부에 달려 있는 초분광 적외선 카메라를 활용해서 숨어 있는 적군들의 위치를 파악할 수 있는 기술이었다.

이 회사는 이러한 기술을 더욱 발전시켰고, 피부를 분석해서 미군과 베트남군을 구분할 수 있는 알고리즘을 개발해냈다. 이 기술은 훗날 플로리다의 오렌지 농장 위를 날아가는 비행기들에도 적용되었다. 어떤 나무가 특정한 질병에 걸렸는지 여부를 알 수 있게 되었다. 감귤궤양병citrus canker에 감염된 나무의 잎사귀들은 독특한 분광 색채를 띠게 되고, 이 기술을 활용하면 다른 어떤 방법보다도 더욱 빨리 감귤궤양병에 걸린 나무를 감별해 낼 수 있다

솔라리버스는 초분광 영상 기술을 새롭게 디자인해서, 피부과 의사가 피부암의 초기 징후를 감지할 수 있도록 했다. 환자의 전신 이미지를 촬영하는 바디 스캐너를 사용해서, 육안으로 보일 정도로 피부 표면에 이상이 드러나기 이전에 진피층dermal layer

내의 피부암 증상을 확인할 수 있다. 이 기술을 활용하면 매우 위험한 질병인 흑색종을 사전에 진단할 수 있다. 아직 피부 병변에 대한 생검(biopsy, 생체에서 조직의 일부를 메스나 바늘로 채취하는 검사)을 실시할 필요가 없는 단계에서도 진단이 가능하다. 결국 조기 발견을 통해 모든 피부암을 완치할 수 있을 것이다.

여기까지가 내 스토리의 오리지널 버전이다. 나는 군인들이 유격 훈련을 받는 모습, 긴 수풀 안에 잠복해있는 모습을 보여주는 사진들을 중간 중간 넣었다. 또한 드넓은 오렌지 농장의 나무들 중에서 감귤궤양병에 걸린 나무의 가지에는 형광 노란색 반점들이 나타나 있는 항공사진을 보여주었다. 이번에는 나중에 수정한 버전을 들려주겠다. 똑같은 스토리이지만 순서를 조금 바꾸어서 새롭게 만들어보았다.

솔라리버스는 초분광 영상을 활용하여 피부암의 초기 징후를 발견할 수 있는 새로운 기술을 개발하고 있다. 세계보건기구WHO에 따르면, 이상 세포들을 초기에 발견할 수만 있다면 흑색종을 비롯한 피부암으로 인한 사망 사례를 완전히 없앨 수 있다. 이 회사가 개발한 바디 스캐너 시제품을 활용하면 피부과 의사가 암성cancerous 세포들의 전조 증상을 알 수 있다. 육안으로 볼 수 있는 단계에 이르기 전에, 피부 표면 아래의 증상을 파악할 수 있다. 조기 발견은 곧 치료다.

이러한 기술은 이미 검증을 거친 바 있다. 베트남 전쟁 당시 정찰용 헬리콥터에 장착된 초분광 스캐너에 적용되었는데, 이를 통해 정글에 숨어 있는 미군과 북베트남군을 구분할 수 있었다. 또한 이 기술은 플로리다의 오렌지 농장에서 감귤궤양병을 진단하는 데 쓰이고 있다. 다른 어떤 방법보다도 훨씬 빨리 감염 여부를 파악할 수 있다. 그런 다음 나는 군인들 사진과 병에 걸린 오렌지 나무들을 만 피트 상공에서 내려다본 사진을 보여주곤 한다. 피부 아래 암 병변의 분광 색채 이미지도 함께 보여준다.

두 번째 버전은 첫 문장부터 미끼를 제시하여 관심을 극대화하고, 뒤이어 이 기술에 대해 설명한 다음, 그 효과를 입증한다. 후크를 제대로 깊숙이 끼워 넣는 것이다. 첫 번째 버전은 이 기술에 관한 흥미로운 이야기를 전개하지만, 청중은 '내 흥미를 잡아끌 만한 미끼는 어디에 있지?' 하며 의아해할 수도 있다. 안보와 군사 기술에 대한 스토리인가, 아니면 플로리다의 오렌지 수확량 증대에 대한 스토리인가? 아니다. 이는 피부암 치료법에 관한 이야기다!

반드시 그럴 만한 목적이 있을 때만 수정해야 한다.
심사숙고하라. 구체적인 목적을 달성하기 위해
당신이 이전에 들려주었던 이야기들과의 연속성이
유지되도록 하라.

새롭고 대담해야 개선된다

"스스로를 개조하라, 회사를 개조하라…."

이런 말들이 경영 업계에서 진부한 표현이라는 것은 나도 잘 안다. 그런데 당신이 오랫동안 자신의 사업 방향을 고수하면 결국 당신의 비즈니스는 다음 세 가지 경우 중 하나에 해당하게 될 것이다.

1. 간신히 살아남거나,
2. 정체 상태이거나,
3. 성공을 거두고 더욱 성장하거나.

이제는 새로운 면모를 보여줄 때다. 힘겹게 걸어온 노란 벽돌길을 떠나서, 새롭게 설계한 다른 길로 들어서야 한다.

생존SURVIVAL

지금까지 당신은 노란 벽돌길에 머무르기 위해 자신이 할 수 있는 모든 일들을 다 해냈다. 다양한 사람들을 대상으로 가장 멋진 이야기들을 들려주었고, 많은 사람들이 이야기를 듣고 나서 당신의 여정에 동참했다.

마녀들과 지하실의 미치광이들, 날개 달린 원숭이들도 물리쳤다. 하지만 이렇게 모든 노력을 다했어도 겨우 살아남은 정도다. 이제 모든 자원을 소진해서 새로운 청중을 위해 남겨둔 것이 없다. 예전의 낚시터에는 더 이상 낚을 물고기가 남아 있지 않다. 이제는 당신을 깊은 수렁에서 구출해줄 새로운 이야기가 필요한 때다!

이유를 불문하고, 회사를 개조하는 데는 신규 투자자들과 자금이 필요하다. 다시 처음으로 돌아가서 새로운 이야기를 시작한다는 것이 생각만큼 쉬운 일은 아니다.

새로운 이야기를 만들어낼 때는 당신이 원래의 길을 선택한 이유는 무엇인지, 그리고 그 길이 실패한 이유는 무엇인지를 고려해야 한다. 그리고 회사의 재산인 직원들을 생각해보라. 직원들은 사업에 대한 당신의 첫 이야기를 믿어주었고 지금껏 헌신 해주었고, 이제는 당신 사업의 중요한 구성 요소가 되었다. 당신은 사업의 이야기를 직원들에게 들려주고 그 이야기의 장점을 확인해보아야 한다. 이들은 상당히 까다로운 청중이다. 직원들 앞에서는 허세를 부리거나 대강 넘어갈 수 없다. 숨을 곳은 어디에도 없다!

실패를 솔직하게 인정할 만한 용기가 없을 때 실패는 더욱 더 고통스럽다. 올바른 길로 돌아가려는 노력은 가상하지만, 해피 엔딩으로 끝나지 않을 거라는 걸 스스로 이미 알고 있는 사업에 매달리는 것은 무모하다.

당신이 새로운 방향을 설정할 수 있는 용기를 보여준다면, 직원들과 핵심 청중은 여전히 당신을 존경할 것이며 새로운 여정에도 동참하게 될 것이다. 어쩌면 당신에게 주어진 기회는 단 한 번일지도 모른다. 재빨리 행동을 취해야 한다. 그러면서도 똑같은 분량의 사전 작업을 해둘 필요가 있다. 이번에는 조금 더 현명하게 행동할 필요가 있을 것이다.

정체기 STALLED

은근한 성공을 거둔 시점에서 방향을 개조해야 하는 경우도 있다. 모든 것이 계획대로 순조롭게 진행되다가도, 어느 순간 모멘텀이 사라지면서 정체기를 겪을 수도 있다. 이런 상황은 상당히 위험하다. 이를 미리 예측하지 못하는 사업가들이 많기 때문이다.

어떤 비즈니스의 모멘텀이 사라진다는 것은 그 조직에 뭔가 근본적인 문제가 있다는 뜻이기도 하다. 신규 제품 출시가 지연되거나 아예 취소될 수도 있다. 아니면 이와는 정반대로, 새롭게 확대되는 사업에 너무 치중한 나머지 핵심 사업에는 다소 소홀한 경우도 있을 수 있다.

또한 당신의 회사가 성장 곡선의 최고점에 근접하고 있다는 것을 예상하지 못한 결과로 정체기를 겪게 될 수도 있다.

바로 이럴 때 이사회를 비롯한 상급 청중advanced audiences의 역할이 중요하다. 또한 상급 청중의 범위를 확대하여 자문위원회나 사외 마케팅 위원회를 포함하는 것도 현명한 방법이다. 이들은 회사의 확장세에 대해 다른 견해를 지닐 수도 있다.

일단 이런 사람들을 대상으로 새로운 이야기를 처음으로 들려주어라. 그들의 조언과 지원을 받아 정체기에서 벗어나도록 하라. 이야기를 조정하고 재정립해서 그 노란 벽돌길 위의 과속 방지턱을 잘 넘어가라.

성장 궤적 최고점에서 투자하라

●● 여기서 우리는 피터의 원리에 따른 엄연한 사실을 깨닫게 된다. 성장 궤적growth trajectory의 가장 높은 지점이라고 생각되는 단계에서 살아남기 위해서는 최대한 더 많이 투자하려는 노력이 필요하다.

여러 위원회들은 승계 계획succession plan을 논의하기 시작할 것이다. 제품이나 서비스를 전면 개혁하고, 경영진과 프로세스 등을 포함한 인프라를 개선하거나, 공격적인 인수 합병 계획을 추진할 전문 경영인을 영입하고자 할 것이다. 이 시점에서 당신은 스스로를 개조할 뿐만 아니라 자신의 회사도 개조해야 한다. 이 시점에는 사업가로서 자신의 뿌리를 돌아보아야 한다. 새로운 방향을 정하거나 성장 계획을 수립하는 데 영향을 줄 만한 촉매를 찾아내라.

혁신하라! 신기술 개발을 추진하고 제품 브랜딩을 개선하라. 또한 회사에 새로운 문화를 도입하기 위해 노력하라. 새로운 미끼와 더욱 큰 후크가 포함된 새로운 이야기에 집중하라.

나의 사업 스토리:
약점을 보완할 협력관계를 구축하다

●● 내가 처음부터 그 아이디어에 매료된 것은 아니지만, 난이도를 감안하면 이런 제품을 만들려고 시도하는 사람조차 별로 없을 것이 분명했다. 결국 나는 또 이렇게 말하고야 말았다.

"제가 한번 해보겠습니다."

이런 제길!

나는 보스턴의 비전 엑스포에서 모기업의 창업자들을 만났다. 아니면 뉴욕이었나? 내가 어떻게 그 곳에 가게 되었는지, 미팅이 어땠는지 자세히 기억나지는 않는다. 다만 대형 렌즈의 소형 bench-top 모델이 그 아래에 놓인 프린트에 초점을 맞추는 것을 보았던 기억만 난다. 소전류small electrical current를 통해 활성화되면 전원이 바뀌는 액정 광학이었다. 수동으로 조절하면 전원이 계속 들어왔다 나갔다 했고, 그에 따라 아래의 글자들에 초점이 맞았다가 흐려졌다가 했다. 스위치를 한 번 누르면 햇빛을 막아주고 어둡게 변하는 편광창polarized window의 기본 원리와 비슷했다.

모기업은 전기 활성 안경 개발을 한창 진행 중이었다. 수동 또는 자동으로 렌즈를 전환하여 (근거리에 있는 물체를 위한) 독서용 안경으로 쓸 수도 있고, 사용자가 책에서 눈을 떼면 다시 원거리를 볼 수 있는 일반 안경으로 쓸 수도 있는 제품이었다. 이 회사는 스타트업 CEO를 물색하고 있었다. 자사가 보유한 기술을 미니어처 형태로 적용해서, 눈 안에 삽입할 수 있는 전기 활성 접이식 렌즈를 만들어서 4조 6,420억 원 규모에 달하는 백내장 렌즈 시장에서 인공 렌즈와 경쟁하려는 생각이었다.

나는 보스턴에서 돌아오는 비행기를 타기 전에 이미 이 사업에 동참하기로 마음의 결정을 내렸다. 아니면 뉴욕이었던가… 아직도 잘 기억이 나질 않는다.

채용 계약을 협상하고 며칠 후, 나는 몇몇 컨설턴트와 고문들을 만나서 이 복잡하고 흥미진진한 사업의 기본 요소들을 상의했다. 나중에 이들은 경영팀에 합류하여 뛰어난 실력을 발휘해 주었다.

우리는 과학 기술에 관한 내용은 간단하게 정리하고, 눈에 보이는 위험요인과 보이지 않는 위험요인으로는 어떤 것들이 있는지를 파악해야만 했다. 어디서 어떻게 개발 계획을 실행할 것인지, 인력은 얼마나 확보해야 하는지를 결정해야 했다. 또한 특정 위험요인을 완화하고 기업 가치를 높일 수 있는 다음 변곡점에 도달할 때까지 얼마나 많은 자금이 필요한지를 판단해야 했다.

과거의 경험에 비추어 볼 때, 나는 최종적으로 개발된 기기가 전 세계에서 안과 의사들이 매일 삽입하는 렌즈처럼 보이고 느껴지지 않는다면 이 사업이 받아들여지지 않을 것이라는 사실을 알고 있었다. 환자의 노안으로 인해 혼탁해진 수정체를 교체하기 위한 백내장 수술은 전 세계에서 가장 실시 건수가 많은 수술로 알려져 있다(매년 약 2천만 건에 달한다고 한다.) 최종 디자인은 기존의 삽입 기술을 활용하고, 경쟁력 있는 가격으로 공급하는 것이 가능해야 했다. 기존의 인공수정체에다 원거리에서 근거리로 카메라에 달린 렌즈처럼 자동초점 수동·자동조절 기능을 추가한 제품이라는 초기의 장점은 명확했다.

우리는 모기업의 기존 투자자들로부터 충분한 자금을 유치했다. 이들은 내가 사업 스토리를 더욱 가다듬기 이전에 이미 후크에 걸려 있었다. 하지만 다른 투자자들은 드물었다. 정말 굉장한 스토리임에도 불구하고, 눈 안에 마이크로 전자기술을 적용하고 충전지를 삽입하는 최초의 시도였기 때문이다. 모두가 이 흥미진진한 스토리를 듣고 싶어 했지만, 우리의 여정에 동참할 만한 용기가 없었다.

따라서 우리는 다른 대기업과 협력하는 방안을 모색할 수밖에 없었다. 시장을 장악하고 있으며, 우리가 보유한 기술의 가치를 이해하고, 향후에 발생 가능한 위험 요인들을 완화하는 데 도움이 될 만한 기업이 필요했다. 기업을 대상으로 하는 건 상당히 까다롭다. 사업에 합류하는 데 오랜 시간이 걸리는 데다, 사업에 협력하는 대가로 특별한 권리를 주장하기도 한다. 하지만 적절한 시점에 적절한 기업과 협력 관계를 구축하게 되면 사업 스토리의 신뢰성을 대단히 높일 수 있다는 장점이 있다.

더 큰 목표를 위한 수정과 변화

●● 스토리의 조정과 목표 수정, 이 두 가지가 모두 필요했다. 이 기업 파트너는 우리가 현행 디자인을 포기하고 차세대 디자인으로 넘어가겠다고 동의한다면 차기 자금 조달에 앞장서겠다는 입장이었다. 원래 우리의 스토리에서 차세대 디자인은 기술이 어떻게 진화할지에 대한 우리의 비전을 보여주는 정도의 역할을 담당했다. 우리는 이에 동의하기는 했지만, 스토리와 타이밍, 필요한 자금의 규모 등 모든 것이 달라지게 됐다. 우리는 여정을 지속하기 위해서 상급 청중의 요구를 받아들여야만 했다.

내재하는 위험에 대한 그들의 견해는 다른 잠재 투자자들과는 달랐다. 그들은 마이크로 전자기술이나 삽입 가능한 전지에 대해서는 걱정하지 않았다. 대신 그들은 우리가 렌즈의 자동초점기능 활성화와 관련하여 믿을 만한 생리적 자극을 활용하는 알고리즘을 개발해낼 수 있다는 증거를 원했다.

가장 성공가능성이 높은 자극은 동공 크기의 변화였다. 먼 곳을 바라볼 때는 동공이 커지고, 가까운 곳을 볼 때는 동공이 작아진다. 우리는 환자 350명을 대상으로 한 연구를 공동 지원하기로 했다. 이 연구를 통해 적절한 데이터를 수집해서, 우리가 전매특허를 낸 마이크로칩의 알고리즘을 설계하고 검증하는 데 활용할 계획이었다. 미세한 광센서를 렌즈에 삽입해서 동공의 움직임을 측정하고 언제 시스템을 켜야 할지를 알려주도록 하는 것이다.

스토리는 점차 심화되었고, 데이터와 알고리즘, 마이크로프로세서를 통해 우리는 세 가지 부가 기능을 얻었다.

1. 시스템의 자가 학습 기능(사람마다 각기 다른 동공의 변화에 시스템이 스스로 적응할 수 있는 인공지능을 가리킨다).
2. 환자가 특정한 패턴으로 눈을 깜빡이면 시스템을 켜거나 끌 수 있는 기능(원거리 및 근거리에 초점 맞추기).
3. 의사가 휴대용 기기를 활용해 환자의 일생에 걸쳐 시스템을 재프로그램할 수 있는 기능.

렌즈의 가장자리에는 무선 주파수 마이크로코일이 내장되어 있어, 배터리 무선 충전이 가능했다. 일주일에 한 번, 두 시간만 충전하면 된다. 환자가 잠든 사이에 충전이 이루어진다. 또한 이 마이크로코일 덕분에 RF 링크를 활용하여 기기를 재프로그램할 수도 있었고, 데이터 송신, 수신 및 저장이 가능했다. 마치 눈 안에 내장된 미니어처 심박조율기 같았다. 처음에는 자동초점 기능으로 시작했지만 향후에는 삽입 가능한 약물 전달 펌프drug delivery pump 개발을 촉진하고, 녹내장과 관련하여 안압을 감지하고 조절하는 게이팅 메커니즘(gating mechanism, 특정한 신호를 선별적으로 이용하는 메커니즘) 발달에도 기여할 수 있었다. 이번에도 또 다시 우리는 호랑이 등에 올라탄 상황이었다.

구글 글래스?
어디 한번 해보자!

처음에는 날개 달린 원숭이가 다시 나타나 우리의 여정을 방해하는 것만 같았다. 기술 관련 잡지와 신문의 비즈니스 면마다 구글 글래스에 관한 기사가 대문짝만하게 실렸다. 구글이라고? 휴대전화 산업에 뛰어든 검색 엔진 회사 아닌가? 나는 구글이 웨어러블 컴퓨팅wearable computing

을 시도할 만하다고 생각하기는 하지만, 그래도 구글 글래스는 좀 거슬렸다. 우리의 청중은 우리 회사가 보유한 기술이 구글 글래스와 비교할 때 어떤지를 끊임없이 물어봤다.

일단 우리 회사의 기술은 임플란트로, 게임이나 내비게이션, 사진 및 영상 기능을 위한 것은 아니다. 최소한 아직까지는 아니다. 둘째, 우리 회사의 제품은 FDA 및 여러 국제기구의 규제를 받는 의료 기기다. 그리고 마지막으로, 만약 이 기술이 삽입 가능한 기기 안에 구글 글래스를 복제한 것이라면 운전이나 수업, 비행 중 사용을 제한하는 법안이 통과되어야 하며, 이는 혼란과 불편을 초래할 것이다.

하지만 앞서 언급했듯이, 때때로 우리는 청중의 조언에 따라 스토리를 수정해야 할 때도 있다. 나는 우리 회사의 최고기술경영자에게 어떻게 하면 삽입한 렌즈를 통해 투사되는 '전방투영장치'를 만들어낼 수 있는지를 알아보라고 지시했다. 과연 우리 회사의 삽입 가능한 마이크로칩을 활용해 프로그램을 업로드하거나 다운로드할 수 있을까? 이미지를 캡처해서 아이폰으로 전송하려면 어떻게 해야 할까? 이 모든 것은 가능했다. 사실상 뭐든지 가능했다. 단지 더 많은 자금과 작업이 필요할 뿐이었다.

우리는 계속 노란 벽돌길에 남아 있기 위해서, 또한 일관성 있게 우리의 미션을 지키기 위해서, 한 번만 더 탐험을 해보기로 결정했다. 딱 한 단계만 더. RF 링크 기술을 활용하면 다른 의료 기술 회사들이 개발 중인 삽입 가능한 센서와도 통신을 주고받을 수 있었다. 예를 들자면, 당뇨 환자들의 혈당을 측정하는 센서 말이다. 이런 센서들은 실시간 데이터를 외부 리더기 또는 스마트폰으로 전송하도록 설계되어 있었다. 우리 회사의 렌즈를 활용해 이런 데이터를 수집하고 이를 홀로그램 디지털 영상으로 환자의 눈으로부터 1미터 떨어진 곳에 투사하면 어떨까? 렌즈를 픽셀화하고 보조 렌즈를 사용한다면 전방투영장치를 만들어낼 수 있었다. 4배 줌 렌즈는 어떨까? 아니면 눈 깜박임으로 삽입 가능한 렌즈를 통해 사진을 찍거나 복사를 하는 기능은 어떨까?

이 책이 출판될 무렵이면 아마도 이 회사 엘렌자ELENZA는 신규 투자자들 및 기업 파트너들을 확보하고, 아마도 군사/국방고등연구계획국DARPA 지원금을 받기 직전일 것이다. 우리는 또한 이 렌즈에 안면 인식 소프트웨어를 다운로드하는 방안의 가능성에 관해 알아보고 있다. 구글 글래스? 어디 한번 해보자!

회사를 개조하기 위해서는 새롭고 대담해야 한다.
확실한 필요성이 느껴지기 전에
선제적으로 회사를 개조하는 것이 도움이 될 때가
종종 있다.
회사는 저절로 개조되지 않는다.
그것은 대단한 용기를 필요로 한다.

언제 포기하고,
언제 고수해야 하는가?

우리 모두 인정하자. 똑같은 말을 여러 번 반복하다 보면 언젠가는 지루해진다. 매번 똑같은 열의와 에너지를 들여 정성껏 들려주지 않는다면, 차라리 아예 이야기하지 않는 편이 더 낫다. 사업도 마찬가지다.

당신의 사업을 끝까지 고수하는 것과 관련하여, 앞에서는 당신의 이야기를 실제로 들려주는 것에 초점을 맞추었다. 핵심 요소들을 유지함으로써 일관성과 신뢰성을 확보하는 것의 중요성을 강조했다. 이번에는 어떤 일이 일어나더라도 계속해서 스토리를 들려줄 수 있는 능력에 대해 이야기해보자. 절대로 놓지 않는 것 말이다! 나는 이것을 '끝까지 버티기 주의sticking to it-ism'라고 말한다.

포기를 아는 것과 끝까지 뛸 때를 아는 것

●● 우리는 사업가가 실패를 반드시 겪는다는 사실을 알고 있다. 매번 방망이를 휘두를 때마다 장외 홈런을 쳐낼 수 있는 사람은 아무도 없다.

우리는 경기에서 승리와 패배를 모두 겪겠지만, 최대한 많은 득점을 올리고 진실한 마음으로 경기에 임해야 한다. 이기건 지건 간에 스스로의 품위와 존엄을 잃지 않는 것이 중요하다.

윈스턴 처칠이 말했던가?

"절대로, 절대로, 절대로 포기하지 말라never, never, never give up"

하지만 '포기하는 것'과 '경기 끝까지 뛰어야 할 때를 아는 것'은 큰 차이가 있다는 점을 기억해야 한다. 1회에 스트라이크 아웃을 당했다고 해서 팬들과 동료들에게 가운데 손가락을 날리고 경기를 그만두는 사람은 아마도 없을 것이다. 실패에 따른 실망과 상관없이, 포기하는 것과 경기 끝까지 뛰는 것 사이에는 미묘한 차이가 있다.

나는 지금까지 살아오면서 아무것도 포기한 적이 없다. 심지어 실패한 두 차례의 결혼생활까지도. 허튼소리가 아니라는 것을 독자들이 믿어주기를 바란다. 그렇게 살아온 것이 꼭 잘했다는 것은 아니다. 좋게 끝나지 않을 거라는 걸 알면서도 끝까지 버티는 것이 반드시 건강하거나 생산적인 사고방식이라고 생각하지는 않는다. 특히 다른 사람의 돈으로 일을 도모할 때는 더욱 그렇다.

결혼생활이 삐걱거릴 때 상담을 받거나 부부싸움을 하거나 소리를 지르거나 하며 문제를 해결해보려고 애쓰고 별거를 시도해보는 사람들은 최소한 끝까지 한번 가보려는 사람들이다. 반면에 대화를 시도하거나 다른 계획을 마련해두지도 않은 채 그냥 짐을 싸서 집을 나와 버린 적이 있는 사람이라면 진정한 포기를 경험한 사람들이다.

나의 사업 스토리: 기본을 고집하다 변화를 놓치다

●● 정확히 말하자면 내 회사에 있던 고위임원의 실패라고 해야겠지만, 전략적 실수가 있었으니 나의 실패라고 해두자.

나는 뇌 전문의를 위한 일회용disposable GPS 시스템이라 할 수 있는 기술을 개발 중이었다. 이제 막 고비를 넘기고 여건이 호전되고 있는 상황이었다. 뇌 생검을 실시할 때 환자의 머리를 수술대에 고정시키기 위해 그동안 아주 구시대적이고 야만적인 방법이 사용되었는데, 이 기술을 활용하면 새로운 방식으로 환자의 두개골에 장비를 장착할 수 있었다. 기존 기술로는 두개골에 나사를 네 개 박아서 이 '헤드 프레임'에 환자를 고정했다. 회전 가능한 컴퍼스와 각도기처럼 보이는 장치가 이 헤드 프레임에 부착되었다. 우리 회사는 그 당시 이제 막 FDA 승인을 받고, 시장의 기대 수요에 부응하기 위해 제품 생산에 박차를 가하고 있었다. 이사회는 가장 똑똑하고 인정받는 인재를 발굴해서 세일즈 및 마케팅 담당 부사장으로 임명하라고 내게 지시했다. 사업이 더욱 번창할 수 있도록 말이다.

이제 보다 완전한 스토리가 마련되었으니, 나는 자금이 허락하는 한도에서 구할 수 있는 가장 훌륭한 사람을 뽑았다. 무고한 사람을 보호하기 위해 여기서는 실명을 언급하지 않고 그냥 미스터 리틀이라고 부르기로 하자. 화려한 경력과 뛰어난 마케팅 실력을 갖춘 사람이었다. 다국적기업에서 고위 임원으로 일하던 그가 신변을 정리하고 소규모 벤처인 우리 회사로 와서 한 사업부문의 부사장을 맡기까지는 3개월이라는 시간이 걸렸다.

새로운 벤처 자금이 들어오자 그는 즉시 임상/세일즈 담당 조직을 만들었다. 여덟 명의 인재를 채용했고 이들 각자에게 전략적으로 전국 각지의 핵심지역을 맡겼다. 안타깝게도 시작 단계에서 한두 차례 실패를 겪었고, 제품 출시에 따른 성과는 미미했다. 시장 내의 일부 얼리어답터한테서 수익이 조금 발생하는 정도였기 때문이다. 매출은 계획에 훨씬 못 미치는 수준이었다.

시장에 불을 붙이기 위해 할 수 있는 모든 노력을 다 기울였지만, 결과는 여전히 실망스러울 뿐이었다. 연말 이사회 회의가 다가오고 있었고, 의장은 왜 우리 회사가 정체기를 겪고 있는지 그 이유에 관해 미스터 리틀한테서 직접 해명을 듣고 싶다는 의사를 밝혔다.

우리는 이사회 보고를 앞두고 경영팀의 모든 구성원들이 발표 자료를 잘 준비했는지를 검토했다. 미스터 리틀은 내 이야기를 몇 번이나 들었는데도 핵심 메시지에 제대로 귀를 기울이지 않았다. 회의가 시작됐고, 나는 최대한 장내 분위기를 잘 조성한 다음 그에게 발표를 부탁했다.

그런데 그는 내 이야기를 그대로 반복하면서 발표를 시작했다. 자기 자신의 스토리로 만들기 위해 이야기에 변화를 주거나 수정한 부분이 전혀 없었다. 마치 꼭두각시 같았다. 다른 이사회 임원들이 힐끔거리는 모습을 보니 나와 똑같은 생각을 하고 있는 것이 틀림없었다.

몇 분 후, 의장이 손을 들더니 그의 발표를 중단시켰다. 그리고는 전략적 결정에 대해 몇 가지 직접적인 질문을 하기 시작했다.

"타깃 고객은 어떻게 설정했나요?"

"사전 평가는 진행했나요?"

"세일즈 사이클은 어떠한가요?"

"계획상의 궤도에 빨리 오르기 위해서는 어떻게 해야 할까요?"

미스터 리틀은 심호흡을 하고 마음을 가다듬고 나서, 중간에 끊긴 부분에서부터 다시 이어나가기 시작했다. 그는 기본 요소들을 고수하기 위해 애쓰고 있었다. 하지만 사람들은 더 이상 그의 이야기를 믿지 않았다. 그는 청중을 붙들어둘 수 있는 핵심 요소들을 잃어버렸고, 스토리를 수정해서 그들을 다시 잡아들일 만큼 지식이 많거나 행동이 발 빠르지 못했다. 게다가 그는 뼛속까지 지나치게 솔직했다. 세일즈 담당 고위 임원에게는 장점인 동시에 단점이었다. 그렇기 때문에 윤색은 거짓의 경계에 있다고 여겨졌다.

나는 내 팀원인 그가 스스로를 궁지에 몰아넣고 있는 모습을 더 이상 그냥 지켜볼 수만은 없었기 때문에 결국에는 개입하게 되었다. 그에게 의장의 핵심 질문에만 대답하는 게 어떻겠냐고 제안했다. 그런데 그는 직접적인 답변을 내놓는 대신, 자신이 수십 번이나 들었던 회사의 이야기를 다시 훑어나갈 뿐이었다.

의장의 질문에 대한 답변이 '될 것 같은' 요소들을 짜깁기해서 읊어나가는 모습은 정말 형편없었다. 나는 그가 질문에 대한 답을 가지고 있지 않다는 사실을 즉시 깨달았다. 미스터 리틀은 그 스토리의 진정한 주인이 되지 못했다. 청중을 잃었고, 자신에 대한 신뢰를 모두 잃어버렸다. 이제 이사회 임원들은 미스터 리틀의 상사이자 CEO인 나에게 눈을 돌렸다.

나는 그를 구하기 위해 노력했다. 다른 표현으로 질문을 다시 들려주며, 그가 더 나은 답변을 할 수 있도록 살짝 힌트를 줬다. 자신의 스토리에 창의적이고 새로운 하위 챕터를 만들어낼 수 있도록. 그런데 그는 내 뜻을 알아채지 못했다. 좌절하는 기색이 역력했고, 내 질문과 힌트는 그의 귀에 전혀 들어오지 않는 듯했다. 미스터 리틀에게는 하늘이 무너지는 것 같은 상황이었다. 그러더니 결국 그는 포기했다.

"최적의 제품 디자인도 아직 나오지 않았고, 사용법도 개선할 필요가 있습니다. 현장 인력을 훈련할 시간도 부족했어요. 여러분들 중 누구든 제안할 사항이 있다면 저는 얼마든지 들을 준비가 되어 있습니다. 조언해주신다면 정말 감사하겠습니다."

내 가슴은 철렁 내려앉았다. 이제는 더 이상 그를 구할 수가 없게 되어버렸기 때문이다. 그는 스토리를 놓쳐버리고 신뢰를 송두리째 잃어버렸을 뿐 아니라, 여러 문제들과 질문들만 늘어놓고 가능한 해결책을 제시하지 못했다. 고위 임원이 이런 태도를 보이다니… 전략적 실수였다.

이사회는 경영진의 전략을 검토하는 데 도움을 주는 것이지, 스스로 전략을 수립하는 것은 아니라는 사실을 그 자신도 나머지 모든 사람들도 잘 알고 있었어요. 그러고 나서 그는 치명적인 실수를 저질렀다. 청중에게 이야기를 다시 써보라고, 그들이 어떤 이야기를 듣고 싶은지를 자신에게 알려달라고 요청한 것이다. 미스터 리틀의 하늘은 이제 진짜로 무너져버렸다.

사업 스토리의 기본 요소에만 집착한 나머지 일부 요소를 수정하거나 윤색하지 못하면 결국 어떤 상황이 벌어지는지를 가장 잘 보여주는 사례다.

그는 청중의 일원이 되어 다른 사람이 들려주는 이야기를 간절히 듣고 싶어 했다. 이사회라는 특수한 청중은 이렇게 용납할 수 없을 정도로 불완전한 이야기를 참고 들어줄 인내심이 전혀 없었기 때문에, 나에게 이 사람을 당장 교체하라고 지시했다.

사업가로서 성공하려면 때로는 가던 길에서 벗어나야 할 때도 있다. 지름길을 택해야 할 때도 있는 법이다.

반드시 더 빠른 길이라서가 아니라, 최종 목적지에 도달하는 데 보다 적합한 길을 택해야 할 때가 있다. 당신의 여정에서 이런 상황이 벌어질 수 있다는 것을 예상해야 한다.

이리 저리 다니다 보면 어쩔 수 없이 이런 일을 겪게 되기도 한다. 때로는 숲에서 길을 잃어버릴 수도 있다. 그럴 때는 정신을 가다듬고 어느 방향으로 가야 할지 알아낸 다음, 적절한 신호에 귀를 기울이고 다시 노란 벽돌길을 찾아가면 된다.

놓아버리거나 다시 원래의 길로 돌아가려는 생각을 잃어버리게 된다면 엄청난 타격을 입을 수도 있다.

THE SENSE OF BUSINESS

비즈니스 리더로 살아남기 위해 상대해야 하는 것들

당신의 사업이 능숙해지고 발전함에 따라 당신의 이야기를 듣는 사람들 또한 점차 성숙하고 발전한다. 당신이 새로운 사업을 추진하고 인재를 확보하는 데 꼭 필요한 투자자들을 유치하는 데 성공했다고 가정해보자. 새로운 소셜 미디어 사이트든 첨단기술을 활용한 정형외과용 임플란트든 어떤 업종이건 간에, 제품이 마침내 시장에 출시되면 사업에 박차를 가하기 위해 새로운 스토리와 전략이 필요해진다.

이제 당신은 노련하고 유능한 사업가이자 스토리텔러가 되었지만, 그만큼 당신의 이야기를 듣는 사람들 역시 늘어났고 구성 또한 더욱 복잡해졌다. 초창기에 당신의 사업 이야기에는 거의 관심이 없거나 그 이야기를 들어줄 인내심이 거의 없는 새로운 사람들도 많아졌다. 이제 당신은 창업자이자 사업가, 고위 임원으로서 주주들에게 충실해야할 의무가 있다. 이들은 당신의 이야기와 가치와 제안을 믿어주었고, 당신에게 투자한 사람들이다.

이제 중요한 것은 꿈이나 비전, 약속이 아니다. 그들의 투자에 대한 금융 수익을 극대화하는 것이 관건이다. 이 단계에서는 주주들에게 어떻게 메시지를 전달하는가가 더욱 더 중요해진다. 당신과 투자자 사이에는 이사회라는 또 다른 청중이 존재한다. 이 중간자적 청중은 주주들이나 특정 계층의 대표자로부터 독립적일 수도 있다.

어쨌든 간에 이사회는 당신을 평가하고 심지어 교체할 수 있는 권한을 부여받았다. 이제 당신의 능력은 완전히 새로운 의미를 지니게 되었다. 즉, 사업가로서 자기 자신의 생존에 직결되는 문제가 되었다. 중간자적 청중인 이사회는 스토리 중에서 단기적인 목표뿐만 아니라 장기적인 변곡점들에도 주목할 것이다. 더욱 복잡하고 정교해진 사업에서 이런 요소들을 구성하고 전달하는 것은 매우 중요하다.

당신이 계속해서 회사의 비즈니스 리더로 살아남을 수 있을

지 여부는 이런 목표들을 얼마나 잘 달성하는가에 달려 있다. 목표들은 또렷하고 명확해야 한다. 이 중간자적 청중은 실수나 막판의 변명을 인내심 있게 들어주지 않을 것이다. 그 놈의 지긋지긋한 목표들! 또한 당신은 이사들 배후의 더욱 폭넓은 청중인 주주들에게 신경을 써야 한다. 새로운 스토리나 수정한 스토리는 주주들에게 들려주기에 앞서 이사회에 미리 들려주어라. 주주들을 대상으로 그런 행동을 하는 것을 흔쾌히 이해해줄 이사회는 별로 없을 것이다.

이사회

●● 경력이 어느 정도 되는 이사회the board of directors 멤버 중 열에 아홉은 이사회의 주요 목적이 'CEO를 채용하고 해고하는 것'이라고 말할 것이다. 여러 벤처기업을 창업한 경험이 있는 CEO로서, 나는 이 말이 사실이라는 것을 언제나 뼈저리게 느껴왔다. 하지만 유난히 마음에 걸리는 부분이기도 하다.

당신이 사업을 만들어냈고 언젠가는 사업의 100%를 소유했다 하더라도 자본요건 때문에 주주들이 개입하게 되어 희석이 일어나며, 결국 과반수 지배(majority control, 대주주가 과반수의 주식을 소유함으로써 경영을 지배하는 것을 의미함)를 잃게 된다.

사업은 여전히 당신의 것일지 모르지만 당신은 이제 다른 누군가, 즉 이사회를 위해 일하게 되었다. 이제 이사회가 당신의 사업 스토리를 소유하며, 당신 자신까지도 소유한다. 다행스럽게도 이사회의 기능이 단지 'CEO를 채용하고 해고하는 것'만은 아니다. 이사들은 충실한 일꾼으로서 회사에 대한 주의 의무와 충실 의무를 지닌다.

한때는 당신의 회사였고 당신의 스토리였다. 당신은 여전히 창업자 또는 공동 창업자이고 그 사실은 결코 변함이 없겠지만, 어느 시점에 다다르면 이제는 더 이상 우리 회사가 아니라는 현실에 직면해야만 한다. 당신의 사업을 두고 언젠가 누군가는 조금 다른 이야기를 들려주고 싶어 할 것이다.

그렇다고 하더라도 이사회와 협력 관계를 구축하는 것은 매우 중요하다. 이사회는 당신의 중간자적 청중일 뿐만 아니라, 당신의 사업을 가장 중요한 청중인 주주들에게 제대로 전달해야 하는 역할을 담당한다.

이사회는 어떻게 하면 당신을 가장 잘 다룰 수 있을지에 관해 논의하는 데 상당한 시간을 할애하겠지만, 당신 또한 그들을 제대로 다룰 수 있도록 최대한 스킬을 연마할 필요가 있다. 그러면서도 당신이 그렇게 하고 있다는 것을 그들이 눈치 채게 해서는 안 된다! 당신이 참고할 만한 사항 몇 가지를 아래에 적어보겠다.

이사회 멤버들은 책임성의 경계에서 혼란을 느낄 때가 있다. 비즈니스 리더로서 당신은 모든 것에 책임을 지는 존재다. 하지만 이사들은 당신에게 어느 정도의 자율성이 필요하며, 당신이 충분히 자율성을 누릴 권리가 있다는 사실을 이해해야 한다. 일상적인 비즈니스 운영을 관리하는 데 있어서의 자유 말이다. 이사들이 그런 혼란을 느끼지는 않는지, 어떤 문제들을 지나치게 세세하게 간섭하려 하지는 않는지를 잘 살펴보라. 이런 상황이 벌어지면 이사들과 CEO의 관계가 서로 틀어질 수 있다.

- 이사들에게 정보를 제공하라. 당신이 이메일로 송부한 보고서를 그들이 읽어보고 확인하지 않았다는 점을 지적하는 것이 낫다. 그들이 당신에게 보고서를 아예 안 보냈다고 질타하는 소리를 듣는 것보다는 말이다.
- 정보를 제공받은 이사들은 이것저것 꼬치꼬치 캐물을 수도 있다. 그만큼 이사회가 적극적으로 참여한다는 뜻이다.
- 의장과 굳건한 협력관계를 구축하라. 의장의 주요 역할은 이사회의 합의를 이끌어내는 것이다. 합의가 이루어지지

않는다면 당신은 얼마 안 되는 회의 시간 동안 각각의 이사들을 노란 벽돌길 위로 다시 데려오기 위해 많은 에너지를 소모하게 될 것이다.

- 이사회가 심사숙고를 거쳐 신중한 결정을 내리도록 하라. 당신의 지도와 안내 없이 이사회가 독단적으로 결정을 내리게 되면, 스토리가 올바른 길에서 벗어나게 될 수도 있다.
- 이사회의 안건은 매우 중요하며, 사업을 구성하는 데 도움이 된다. 경영진과 이사회 의장의 상호 합의 하에 안건을 계획해야 한다. 안건은 대면 회의나 전화 회의에서 가드레일 역할을 한다고 생각하면 된다.
- 회의 전에 미리 이사회에 자료를 제공해서 이사들이 당신의 사업 이면의 전략을 분석하고 이에 관해 비평할 수 있도록 해야 한다. 다시 한 번 강조하지만, 전략을 수립하는 것은 이사회의 역할이 아니다. 이사회가 전략을 수립하기 시작하면 스토리의 주도권이 이사회로 넘어가게 된다. 그러면 머지않아 이사회는 당신을 교체할 승계 계획을 논의하게 될 것이다!
- 이사회는 또한 사업의 전략 이면의 가정을 이해하고, 이와 관련된 리스크를 분석할 의무를 지닌다. 이사들은 당신과 경영팀이 당신 자신의 전략을 얼마나 잘 실행할 수 있는지

그 역량을 지속적으로 모니터링할 것이다.

- 이사회는 당신의 전략과 관련하여 성과 기반의 보상 계획을 제공할 의무를 지닌다. 여기에는 단기 목표와 장기 목표가 모두 포함된다.
- 당신의 전략에는 준수 상황을 감시하는 시스템과 이들 목표의 달성 현황을 측정하는 적절한 지표가 포함되어야 한다. 당신의 행동과 결과, 그리고 커뮤니케이션 연대표를 잘 기록해두어야 한다.

이사회와 관련된 문제들에 대해서는 의장이 합의를 도출해내도록 하라. 이사들의 참여를 독려하고, 적극적으로 참여하지 않는 이사들은 교체할 수 있도록 승계 계획을 세워두어라. 조금이라도 광기가 드러나는 경우에는 더욱 신속하게 교체해야 한다.

주주들

●● 핵심은 그들이 진짜로 무엇을 알고 싶어 하는가를 알아내는 것이다. 이 청중은 당신의 사업을 믿어주었지만, 이제 똑같은 이야기를 수차례 반복해서 듣는 데는 전혀 관심이 없다.

"당신은 주주the shareholders들을 위해 최근에 어떤 성과를 올렸죠?"

똑같은 이야기를 들려준다면 그들은 이런 반응을 보이게 된다! 또한 당신이 생각하기에 그들이 듣고 싶어 하는 말을 들려주는 것이 아니라, 애초에 그들이 당신을 지지하기로 했던 결정을 스스로 정당화하기 위해 그들이 알아야만 하는 것을 들려줄 필요가 있다.

대부분의 회사에서는 중간자적 청중인 이사회의 대다수가 주주들의 대표들로 구성된다. 그런데 '이사회 임원'이라는 직위와 의무, 책임이 주어지면 이들은 지금까지와는 다른 모습을 보이게 된다.

이제는 자기 자신이 멘토이자 자문가이며, 재판관이자 배심원이며 경찰이라고 여기게 된다. 하지만 주주로서 그들의 최종 목표는 모두 똑같다. 즉, 회사의 가치와 주주의 투자 수익을 극대화하는 것이다.

최근 여러 규제의 변화로 인해 회사법의 연방화가 추진되고 있다. 일반적인 이사회 지배구조에서 주주 지배구조로 이행하는 것이다. 공개회사에서 이는 '주주 행동주의자'의 존재감이 점차 커진 결과다. 주주 행동주의자는 규모와 상관없이 자신의 지분 포지션을 내세워 당신과 당신의 스토리에 압력을 가하는 대담한 사람을 가리킨다. 청중 안의 훼방꾼이라 할 수 있다.

이런 사람들은 때때로 폄하하는 발언을 하기도 하며, 인신공격을 퍼붓는 것처럼 여겨질 때도 있겠지만 그들의 동기는 사뭇 다양하다. 금전적인 이유로 인해 자금조달 구조 변경, 경비 절감, 보상 계획 수정 등 스토리에 변화를 주고 싶어 하는 경우도 있고, 환경 친화적인 정책을 주장하거나 보다 엄격한 사이버 보안 프로그램 설치를 요구하는 등 금전과는 상관없는 이유로 다양한 요구를 하기도 한다.

주주 행동주의자들은 성공적인 활동을 벌여서, 결과적으로 당신으로 하여금 최소한 스토리의 해당 부분을 어떻게 다시 들려줄 것인가를 고민하게 만들 것이다. 심지어 사업의 핵심 요소들에까지 영향을 미칠 수도 있다. 당신이 최대한 빨리 적극적으로 앞에 나서서 이들의 견해를 이해한다면 더욱 효과적으로 대처하도록 미리 준비할 수 있을 것이다.

주주 행동주의shareholder activism는 주주 결의shareholder resolution나 위임장 대결(proxy battle, 주주 총회에서 다른 주주들의 의결권을 위임받아 양측이 서로 자신의 주장을 관철시키려는 경쟁), 지역 언론을 통한 홍보 캠페인 등 다양한 형태로 나타난다.

정신 바짝 차리고 민감하게 동향을 살피고, 이들의 도전에 맞서 가장 효과적으로 방어할 수 있는 방법을 찾아라. 이런 문제들에 잘 대처하되 지나치게 주의가 분산되지 않도록 하라. 사업 운영의 핵심 목표에 계속 집중해야 하기 때문이다.

지하실의 미치광이

●● 당신이 특히 유의해야 할 부류가 있다. 내가 '지하실의 미치광이the mad uncle in the basement'라고 부르는 사람들이다. 대개 그런 사람은 한 명이지만, 알다시피 썩은 사과 하나는 결국 다른 사과들도 썩게 만든다. 앞서 언급한 훼방꾼과는 또 다른 타입이다.

이 주주는 문제를 일으킬 수도 있지만, 주주 행동주의자와는 사뭇 다르다. 미리 심사숙고하는 경우가 많은 주주 행동주의자와는 달리, 보통 이런 사람은 그 이유가 무엇이건 간에 악의에 가득 찬 비이성적인 모습을 보이는 등 막무가내로 행동한다.

열 개가 넘는 이사회에서 활동했던 개인적 경험을 돌아보면, 이런 사람이 반드시 한 명은 있다. 지하실에 가두어둘 필요가 있는 미치광이의 모습에 딱 들어맞거나, 그런 미치광이가 될 가능성을 지닌 사람이 꼭 한 명은 있게 마련이다.

아마도 겉보기에는 정상일 것이다. 당신의 스토리에 진지하게 귀를 기울이고 관심을 표현할 것이다. 하지만 그의 마음속에서는 남들과는 전혀 다른 일들이 일어나고 있다. 청중 구성원들 중 다른 사람들이 스토리 안의 어느 중요한 부분에 집중하고 있는 동안, 이런 사람은 전혀 다른 부분에 대해 뒤틀린 상상을 하고 있을 것이다.

겉으로는 평범해 보이는 미치광이들이 가장 우려스러운 까닭은 처음에는 멀쩡해 보이지만 갑자기 돌변해서 광기를 내뿜을 수도 있기 때문이다.

이런 사람들은 당신이 노란 벽돌길에서 벗어나게 되면 내심 반길 것이다. 심지어 이들은 당신의 차가 길에서 굴러 떨어져 부서지거나, 심각한 사고가 발생해 차가 불타는 광경을 바라보는 것을 즐긴다. 가끔은 약간 의심하는 게 도움이 될 때도 있겠지만, 이 상황에서는 그렇지 않다.

광기의 원인이 정확히 무엇인지는 아무도 모른다. 어쩌면 질투심일 수도 있고, 성공에 대한 두려움, 또는 알코올중독처럼 복합적인 질병과 관련이 있을 수도 있다. 원인이 무엇이건 간에, 제대로 파악하고 대처하지 않는다면 이들은 스토리의 흐름을 완전히 교란시켜 당신을 괴롭힐지도 모른다.

앞에서 설명한 주주 행동주의자들의 경우와 마찬가지로, 이런 사람들의 광기가 드러나자마자 이에 즉시 대응할 수 있는 방어

메커니즘을 알아둘 필요가 있다. 일대일로 맞서는 게 능사는 아니다. 다른 이사들과 함께 힘을 합쳐 지하실 문에 빗장을 걸어두거나, 필요할 경우에는 그 미치광이를 지하실에서 끌어내서 밖으로 던져버려라!

상급자들을 대상으로 지속적으로 사업을 제대로
알리기 위해서는 지원과 과정이 필요하다. 일단
이사회의 의장과 파트너십을 구축하라.
CEO와 의장직을 분리하는 편이 현명하다.
그러면 점차 늘어나는 청중에게 메시지를 전달하고
이들과 의사소통할 책임을 지닌 팀이 보다
확대되기 때문이다.

출구 전략을 확실하게 세워라

당신의 사업은 점차 발전해나가다가 언젠가는 매각해야 할 때가 온다. 물론 당신은 사업을 처음 만들어낸 이래로 지금까지 계속해서 다른 사람들에게 설득해왔을 것이다.

그런데 사실상 그건 홍보 활동이었고, 여기서는 새로운 주인에게 그 스토리를 실제로 팔아넘기는 것을 가리킨다. 라이프스타일 사업(lifestyle business, 자신의 생활에 필요할 정도의 이익만 추구하는 것을 목표로 하는, 야심이 크지 않은 사업)을 시작해 적당한 수입을 확보하는 데 의의를 두는 사람들에게는 아마도 이런 경우가 적용되지 않을 것이다. 그런 사람들이라면 이 부분을 건너뛰어도 좋다. 이

번 장에서는 당신 자신과 투자자들에게 수익을 제공하기 위해서, 또는 파산으로 인해 자산을 청산하기 위해서 매수자에게 사업권을 매각하는 것을 다루도록 하겠다.

왜 지금 매각하는가?

초기 자본을 모으는 데 필요한 모든 관련자들에게 수익을 제공하기 위해 그동안 당신은 가치를 구축해왔다. 구축한 가치를 수확하는 데는 유사한 핵심 요소들이 몇 가지 존재한다. 그리고 여기에는 사업이 성공을 거두고 더욱 더 성장할 것이며, 업계에서 상당한 영향력을 확보했다는 증거가 포함되어야만 한다. 그런데 이제는 당신의 사업에 새로운 요소를 추가해야 할 때다. 특히 가장 중요한 것은 '왜 지금 매각하는가?'다.

파산 때문에 자산을 매각하는 경우에 대해서는 후반부에 다루도록 하겠지만, 미리 하나만 예를 들어 말해보자면 파산했을 때 조금이라도 가치 있는 것들을 매각하는 것은 설명할 필요도 없을 만큼 당연한 일이다. 그밖에 다른 이유로 매각하려는 경우에는 청중이 당신의 의도에 대해 의구심을 갖게 될 것이다.

따라서 미리부터 출구 전략exit strategy과 관련된 요소들을 심어

두는 것이 바람직하다. 또한 추후에 그런 결정을 뒷받침할 만한 커다란 업적들을 이루어냈을 때 이 부분에 대해 보다 힘주어 강조하는 것이 좋다.

내가 경험과 지식이 부족하고 미숙하던 그때 그 시절만 하더라도, 이제 막 창업하고 나름의 자리를 잡기 위해 스토리를 들려줄 때 회사 매각에 대한 이야기를 꺼내는 것은 금기였다.

나중에 팔아넘기기 위한 목적으로 회사를 설립한다는 것은 지름길을 택할 거라는 뜻을 내포했고, 장기적인 가치 구축을 위한 핵심 요소들을 소홀히 할 수도 있다는 인상을 주었기 때문이다. 그 당시은 회사를 설립하고 경영진과 협력하여 탄탄한 사업을 일구어내는 것을 목표로 했다. 그런데 이제는 그런 경우가 매우 드물다.

업계 분야에 따라 다르겠지만, 벤처 캐피털리스트들은 당신이 언제, 어떻게 기업을 청산할 계획인지에 관해 구체적인 정보를 요구할 것이다. 결국 이것이 자신의 투자에 대한 수익 회수이기 때문이다.

내가 새로운 사업을 설립하고 뉴욕의 한 벤처 펀드에게 투자를 받으려던 때의 일이다. 이 펀드는 기업 실사를 통해 투자를 고려하는 단계에 이미 해당 업계의 시장 선도 주자에게 연락을 취해 나중에 우리 회사를 인수할 가능성이 있는지를 알아보았다. 예전과는 다르게, 요즘 시대는 이런 시대다.

당신은 주주들을 위해 가치를 구축하고, 사업을 성장시키고, 시장점유율을 확보하고, 구체적인 단기 및 장기 목표들을 달성하겠다는 자신의 열의를 강조해야 한다. 하지만 이와 동시에, 기업공개, 대기업에 의한 인수, (앞서 언급한 전략들을 달성해내는 데 필요한 부분을 채워줄 수 있는) 다른 회사와의 합병 등 종반전end-game을 위한 전략을 제공하는 것 또한 중요하다.

스핀

스핀SPIN은 허튼소리, 과장 또는 윤색과는 다르다. 이사회, 주주들, 직원들, 궁극적으로는 전략적 매수자strategic buyer를 상대로 사업에 다른 '스핀'을 거는 것은 이제 필수적이다. 스핀의 핵심은 타이밍이다.

당신은 사업을 운영하면서 어떤 시점에 매각을 대비해서 변화를 주어야 한다고 생각하는가? 아마도 이는 회사, 창업자, 투자자, 업계마다 다를 것이다. 너무 이른 시점 또는 잘못된 시점에 변화를 주게 되면, 당신이 도전과제들을 해결하느라 지쳐가고 있다는 인상을 주게 될 것이다.

이 새로운 스핀을 정당화하는 데 시장 상황이나 사업 현황을 활용하라. 문제를 파악하고 사실로 이를 뒷받침하라.

이와 관련하여 두 가지 서로 상반된 시나리오에 관한 이야기가 도움이 될 것 같다. 적합한 매수자를 찾기 위해 사업 스토리에 변화를 주어야 하는 상황에 대한 사례다.

첫 번째는 수술실을 위한 기술에 관한 이야기다. 당시 오픈형 MRI 시스템이 최초로 출시되었고, 의사들은 진단뿐만 아니라 다른 목적으로도 이 시스템을 활용하는 방안을 고민하기 시작했다. 그들은 마그넷 보어 안에 환자가 누워있는 동안 실시간으로 수술을 하고자 했다. 그중에서도 가장 흥미로웠던 건 뇌종양을 제거하는 뇌수술을 실시할 때 의사가 모든 암성 세포들을 영상으로 확인하고 제거할 수 있다는 점이었다. 기존 시술 방식으로는 이런 세포들을 전부 제거하지 못하는 경우가 있었기 때문이다.

강력한 자기장 안에서도 의사가 사용할 수 있는 장비를 설계하기 위해 회사를 설립했다. 일반적인 도구나 기기에는 금속이나 전자 부품이 들어있기 때문에 MRI 스캐너 주변에 반입하는 것조차 허용되지 않았다. 플라스틱이나 세라믹처럼 비강자성non-ferromagnetic 물질을 활용해서 의사가 다양한 시술을 할 때 사용하는 새로운 기기를 개발한다는 건 의료 기기 엔지니어의 꿈이 실현되는 것과 마찬가지였다. 그리고 플라스틱을 사용했기 때문에 '일회용' 제품으로 만들 수 있었다. 완벽한 비즈니스 모델이었다.

그런데 이렇게 새로운 패러다임을 실현하려면 현실적으로 상당한 어려움이 따랐다. 종합병원과 외래 클리닉이 새로운 수술실을 설계해야 하고, 스캐너의 오픈 보어에 수술대를 설치해야 하며, 수술실 안에 자기장의 영향을 받는 것이 아무것도 없어야만 했다. 예전에 어느 기술자가 밀고 들어간 산소 탱크가 자기장 안으로 즉시 빨려 들어가서 스캐너에 세게 부딪치는 바람에 폭발이 일어난 사례가 있었다. 수술실이 파괴되었고 그 자리에 있던 모든 사람들이 심한 부상을 입었다. 초창기에는 카메라와 휴대전화가 망가지는 경우도 많았다.

이런 이유로 시장 여건이 형성되는 데 시간이 많이 걸리는 상황이었다. 그렇기 때문에 회사가 살아남기 위해서는 이 기술을 또 다른 분야에 적용할 방법을 고안해내야만 했다. 재빨리 몇몇 디자인을 수정했고 적극적으로 제품 홍보활동을 할 사람들을 구했다. 그 결과, 뇌 속 깊이 전극을 삽입해서 파킨슨병을 치료하는 기기를 만들어냈다. 새롭게 FDA 승인을 받은 시술 방법이었고 이런 사례가 조금씩 늘어나고 있었지만, 여전히 기존 수술실에서 시술이 이루어지고 있는 실정이었다. 우리는 스토리에 변화를 주고 팀의 목표를 재설정했고, 울퉁불퉁하고 꼬불꼬불하고 미끄러운 노란 벽돌길 위에서 살아남기 위해 최대한 노력을 기울였다.

안타깝게도 당시에는 뇌심부 신경자극술을 위한 FDA 승인 제품을 마케팅 하는 회사가 단 한 곳에 불과했다. 우리가 살아남기 위해서는 이 회사와 협력 관계를 구축해야만 했다. 또한 현실적으로 생각할 때 이 회사가 우리 회사를 매수할 만한 유일한 회사였다. 그게 우리 회사의 주주들에게 그들의 투자에 대한 수익을 돌려줄 수 있는 유일한 방법이었다.

스핀을 거는 데 있어서 관건은 이 대기업에 '우리에게 그들이 필요한 것보다 더 그들에게 우리가 필요하다'는 확신을 주는 것이었다. 또한 주주들을 대상으로는 계획적 인수staged acquisition에 대한 그들의 지지를 이끌어내기 위해서 또 다른 방식으로 이야기에 스핀을 걸어야만 했다. 그러기 위해서 우리는 정말 불안하고 두려웠지만 모든 달걀을 한 바구니에 담아야만 했다. 설상가상으로 자금도 바닥이 드러나고 있었고, 벤처 캐피털 투자자들은 가진 돈을 다 잃거나 거래 피로를 느끼게 되었다. 이제는 정말 노력을 기울여야만 우리와 계속 여정을 함께 할 수 있는 상태에 다다랐다. 샘물이 모두 말라버린 것이다.

우리 팀은 이 시술에 대한 전문가가 다 되었다. 의사들만큼이나, 환자를 치료하는 데 사용되는 펄스 발생기pulse generator와 전극을 공급하는 업체 관계자들만큼이나 이에 관해 잘 알게 되었다. 우리는 이 시술의 아킬레스건을 찾아냈고, 더 나은 해결책을 제공하는 데 집중했다. 몇 개월 후에 우리는 이 대기업에 우리의 이야기를 들려줄 기회를 갖게 되었다. 그들이 그때까지 잘 모르고 있던 문제점에 대해 알려주었을 뿐만 아니라, 해결책까지도 제시해주었다. 우리는 백마를 탄 기사처럼 등장했고, 결국 그들은 우리의 자금 요청을 들어주기로 결정했다. 단, 미래의 특정 시점에 회사 소유권을 가질 수 있다면 말이다. 어느 정도 성공을 거두는가에 따른 조건부 승낙이었다.

이제는 이사회와 주주들을 설득할 차례였다. 그런 인수 제안을 고려할 만한 적당한 때가 되었다는 확신을 주어야만 했다. 우리는 애초에 의도했던 길에서 한 발짝 벗어났고, 목표를 수정했다. 하지만 이야기에 스핀을 주었고, 그 밖의 다른 대안은 없다는 말을 들려주었다. 이제는 회사를 팔아야만 할 시점이었다.

다행히 일은 잘 해결되었다. 투자자들은 비교적 짧은 시간 내에 투자금액의 두세 배에 달하는 수익을 얻게 되었다. 대박을 터뜨린 것까지는 아니지만 그래도 수익이 괜찮았다. 타이밍이 정말 중요했다.

상대방의 니즈를 충족시키는 스핀

●● 그런데 지금까지 들려준 것과는 완전히 다른 상황에서 출구 전략을 모색해야 하는 상황을 경험한 적도 있다. 좀 더 정교하게 스핀을 주어야 했는데, 이 책을 집필하고 있는 지금 이 순간까지도 그 결과가 불투명하다.

앞서 삽입 가능한 자동초점 인공 수정체 개발에 관해 이야기했는데, 기억하는가? 미국과 유럽 전역에 흩어져 있던 최고의 엔지니어들의 도움으로 수년간 개발 노력을 기울인 결과, 초기 기기가 이제 생산을 앞두고 있는 상황이었다. 삽입 가능한 의료기기로는 최초로 유럽에서 상업적 허가를 받기 위해 임상 연구를 실시할 단계였다. 임상 검증이 끝나면 시장 호응을 확인할 차례였다.

이 회사는 첫 제품의 설계 및 개발을 위해 10억 원가량을 유치하는 데 어렵게 성공했다. 아마도 복잡한 기기를 보호하는 데 필요한 그 모든 특허를 확보하는 데 11억 원이상이 들었을 것이다. 추가적인 벤처 캐피털은 매우 드물고 비쌌다. 사모 투자자들과 엔젤 투자자들은 '자금이 고갈되고' 있었다. 가장 상황이 안 좋은 시점에 우리는 그간 유치한 투자금액의 두 배가 필요했다. 네덜란드와 인도를 비롯한 다양한 국가의 벤더와 조립업체를 동원하여 아주 복잡한 가공fabrication 과정을 시작하기 위해서였다. 이제는 스핀을 주어 새로운 이야기를 만들어낼 시점이었다.

그래도 이 기술에는 다행스러운 부분이 있었다. 전매특허를 낸 부품, 즉 모든 비법은 얇은 웨이퍼 안에 밀봉되어 있었고, 이는 모든 백내장 환자의 눈에 흔히 삽입되는 일반적인 기존 렌즈 안에 캡슐화encapsulated되었다. 이 회사는 이런 전자부품들을 삽입할 수 있는 고품질 일반 렌즈를 개발해내었다. 인텔 인사이드(INTEL Inside, 컴퓨터 안에 인텔 칩이 들어있다는 것을 홍보하는 슬로건)와 유사하다. 미국, 유럽이나 일본의 시장 선도 기업과 파트너십을 구축한다면, 제조 과정에서 중복되는 작업을 없애고 전체 소요 자금을 줄일 수 있었다. 자금이 모든 주주들에게 희석되는 것이다. 이 모든 것은 사실이지만, 여기에는 스핀이 있었다.

우리는 모든 작업을 보류했다. 추가적인 펀딩 소스가 없어서 어쩔 수 없이 보류해야 한다는 말은 하지 않았다. 다만 비용과 제품 개발기간time to market 최적화를 위해 파트너십을 구축할 기회들에 관해 체계적으로 분석하기 위해서라고 말했다. 우리는 파트너를 찾고 있다는 입장을 내세웠지만, 사실상 회사를 조만간 매각해야 하는 상황이었다. 과장이나 허튼소리가 아니라 이 모든 것은 사실이었다. 다만 관련 당사자들의 니즈를 충족시키는 방식으로 스핀을 준 것이다.

나의 사업 스토리: 논란에 정면승부하라

종종 그런 경우가 있듯이, 이번에는 친구의 친구… 아니, 친구의 형이 새로운 사업 기회를 제안해왔다. 새로운 생명공학 관련 사업이었는데, 학부 때 생화학과 세포학을 전공한 나에게는 흥미롭게 여겨졌다. 친구의 형은 수상 경력도 있는 저명한 과학자였는데, 스코틀랜드의 복제양 돌리 연구에도 참여했다.

이제는 남동부 지역의 명문 대학에서 인간 유전공학 연구실을 운영 중인 그는 사업가 정신을 지닌 과학자였고, 자신이 구상하고 있는 모험에 대한 스토리를 설득력 있게 들려주었다. 그는 자신의 기술을 중심으로 하는 회사를 설립하는 것과 관련하여 도움을 받고자 했다. 스토리 구성을 도와주고, 그가 이미 확보한 지원금 그 이상의 자금을 모으는 것을 도와줄 만한 사람을 찾고 있었다.

나는 "아니오." 하고 거절을 잘 못 하는 사람이기 때문에, 우리는 나란히 함께 노란 벽돌길을 걷게 되었다. 이 여정을 시작하면서 새롭게 배워야할 것들이 참 많았다. 연구실에 수차례 방문한 후에야 나는 스토리와 사업 요약서를 적절하게 구성하는 데 필요한 정보들을 얻을 수 있었다.

1999년은 줄기 세포 치료라는 새로운 기술이 급부상하던 시기였다. 핵심 스토리를 말하자면, 건강하고 활동적인 배아 세포 집단을 인체의 특정 부위에 이식하여 부족한 화학물질이나 효소, 단백질, 호르몬 및 생화학적 과정을 만들어내고, 이를 통해서 기존에 손상을 입었거나 심한 타격을 입은 생리적 기능을 회복하는 것이었다. 사람들은 이 기술이 당뇨병에서 파킨슨병에 이르기까지 여러 질병에 대한 치료법이 될 수 있을 것이라고 생각했다.

그가 구상 중이던 새로운 사업은 이렇게 귀중한 세포의 복제와 배양 과정에 대한 비법을 지니고 있었다. 그에게는 세포를 배양할 수 있는 최적의 환경을 필요로 했다. 특정 장기에 삽입된 이 세포들은 그 곳에서 자리를 잡고 살아남아서 자신의 몫을 다했다. 이렇게 민감한 세포들을 이식하고 배양할 만한 비옥한 토양 역할로 인간의 상피 세포, 즉 피부 세포를 활용하는 방안에 대한 특허를 출원했다. 그 당시 경쟁업체들은 이런 용도로 다양한 동물 세포층animal cell layers을 활용했는데, 이는 인간과 동물세포 간의 교차감염crosscontamination에 대한 우려를 낳았다. 그 대신에 인간의 피부 세포를 사용하면 불순물에 감염될 우려 없이 '인간 줄기 세포'를 효과적으로 배양할 수 있을 것이었다.

이 스토리를 제대로 들려주기 위해서, 우리는 논란의 소지가 될 만한 핵심적인 부분을 처음부터 짚고 넘어가야만 했다. 사탕발림 같은 것은 없었다. 이 시기에는 시험관 시술을 통한 수정을 목적으로 여성의 자궁에서 만들어진 인간 배아 중 폐기된 것들이 인간 줄기 세포 연구에 쓰였다. 호르몬을 이용해 과배란을 유도하여 여러 개의 난자를 추출하고, 시험관에서 이를 수정시켜 다시 이식하는 것이다. 해당 여성의 몸이 배아들을 받아들여서 건강한 임신 상태가 유지되도록 하는 것을 목적으로 한다. 처음 이식된 배아들이 임신에 실패할 경우를 대비해, 수정된 배아들 중 남은 것들은 냉동해서 액체질소 안에 넣어 보관했다. 임신이 성공하면 남아있는 배아들은 폐기처분되거나, 연구 목적으로 사용되었다. 이 시기에 연방 및 주 당국은 배아 줄기세포 관련 과학을 이해하기 위해 애쓰고 있었고, 일반 대중도 마찬가지였다. 곧 행동주의자들이 나서기 시작했고, 잠재적 투자자들이 민감하게 반응함에 따라 이 스토리의 복잡성이 더욱 커졌다. 우리의 청중이 줄어들기 시작했다.

이 신생 기업의 회장으로서 나는 큰 타격을 입을 수 있는 상황이었기 때문에, 경영진과 협력하여 '올바르고 잘 짜여진' 메시지를 전달하기 위해 노력했다. 그러나 우리는 실제로 시험관 시술을 통해 수정된 배아들에서 인간 줄기세포를 얻었고, 이 문제를 마주하지 않고 피해갈 수는 없었다.

2001년 8월, 당시 조지 부시 대통령은 배아 줄기세포 연구에 대한 연방 정부의 지원을 중단했다. 그나마 다행스러운 것은, 특정 기준을 충족하는 경우에는 인간 배아 줄기세포를 사용한 연구를 허용했다는 점이다. 우리 연구실도 그런 기준을 충족시킨 14개의 연구 그룹 중 하나였다. 우리는 숲을 헤치고 나와 다시 노란 벽돌길로 돌아오는 데 성공한 것처럼 보였다. 하지만 우리가 아무리 완벽하게 스토리를 다듬건 간에, 연방 당국이 연구를 허용하는 축복을 누렸음에도 우리는 여전히 청중의 대다수를 잃은 상태였다. 특정 질병을 치료하겠다는 회사의 목표는 칭찬 받을 만했지만, 이 스토리에는 너무 논란거리가 많았다. 우리는 기관 투자자들로부터 한 푼도 받을 수 없었다.

한편 인도, 이스라엘, 싱가포르, 스웨덴, 한국 등 미국 이외 지역에서는 여러 연구실이 배아 줄기세포를 개발하는 경쟁에 뛰어들어 박차를 가하고 있었다. 하지만 우리에겐 아직 전매특허가 있었다. 우리는 내부 관계자들과 가족들, 친구들한테 자금 투자를 요청했고, 우리가 지닌 비법의 가치를 알아줄 만한, 미국 이외 지역의 기업과 파트너십을 구축하기 위해 노력했다.

마침내 호주에 있는 한 상장 기업이 우리의 이야기에 공감을 표시했다. 이 회사에서도 유사한 프로세스를 다른 분야에 적용하는 방법을 모색 중이었고, 두 회사의 조합은 더할 나위 없는 천생연분으로 여겨졌다. 이제는 지구 반대편에 있는 두 회사의 문화적 차이와 경영 관련 불필요한 중복 문제 등을 뛰어넘어, 스토리를 적절하게 서로 합치는 것이 우리에게 주어진 핵심 도전 과제였다.

두 회사의 자산 목록과 인지 가치perceived value를 감안할 때, 우리 회사는 운전자본을 늘려 50대50 합병을 하기로 동의했다. 이미 보유한 현금은 많이 줄어든 상태였지만, 호주 증시이기는 해도 상장된 생명공학 기업과 합병한다는 것은 우리의 이야기에 새로운 요소를 제공해주고, 그러면 잠재적 투자자들이 투자에 나설지도 모르는 일이었다. 안타깝게도 그런 일은 일어나지 않았지만 말이다.

우리는 이제 아주 복잡해진 이야기, 논란거리가 많은 기술과 한바탕 씨름을 했다. 미국의 경영팀은 호주 팀으로 교체될 가능성이 높았고, 어떻게 하면 투자자들이 호주 증시의 주식을 성공리에 청산할 수 있을지에 대한 투명성이 결여되었다. 우리에게는 선택의 여지가 별로 없었다. 앞으로 10년 동안 연구 지원금을 찾아다니며 천천히 죽어가거나, 새로운 호주 동료들과 계약을 성사시키기 위해 노력해보는 것이었다.

결국 우리는 약속한 추가자금 23억 2,100만 원을 모으는 데 성공했고, 약 9개월 후에 합병을 성사시켰다. 가족들과 친구들, 그리고 주택 지분 대출 덕분이었다. 우리 이사회의 공동 창업자 겸 이사들 중 두 명이 호주의 합병된 회사의 이사회에 참여해야 했다.

처음으로 호주 애들레이드로 비행기를 타고 가는 동안, 나는 도착 후 현지 언론에 들려줄 새로운 사업을 구상하기 시작했다. 그런데 나는 나중에야 비로소 깨닫게 되었다. 이것은 날개 달린 원숭이들과 지하실의 미치광이들이 가득한 또 다른 긴 여정의 시작에 불과하다는 것을.

우리는 결국 에메랄드 시티(『오즈의 마법사』에서 오즈가 있는 곳이자 도로시 일행의 여정에 최종 목적지인 곳)에 도착했고, 우리가 설립한 생명공학 벤처기업인 사이토제네시스Cytogenesis는 브레사젠BresaGen Ltd.과 성공리에 합병되었다. 그 후로 2년도 채 되지 않아, 이 둘의 합병으로 이루어진 회사는 호주의 다른 생명공학 관련 대기업에 인수되었다. 치료법 개발 노력은 지금 이 순간까지도 계속되고 있다.

오늘날의 경제 상황 및 새로운 성향의 투자자들을 고려할 때, 당신의 출구 전략을 확실하게 세워두는 것이 중요하다.

당신의 사업에 대안이 될 만한 결말을 만들어낼 때는 계획을 세우고 신중을 기하라. 그런 기회는 한두 차례 정도밖에 오지 않을 것이다.

자주 그렇게 한다면 소홀하거나 무모해보일 것이다. 숨을 곳을 찾아서 그 노란 벽돌길에서 한 발짝 벗어나고, 날개 달린 원숭이들을 잘 피해보아라!

나가는 말

의도는 옳게, 목표는 명확하게

내가 사업가 정신을 키울 수 있도록 도움을 준 많은 친구들과 동료들에게 감사의 말을 전하고 싶다. 그들로 말미암아 좋은 그리고 나쁜 경험들을 하게 됐지만, 이 책 전반에 걸쳐서 이야기한 대로 이 모든 것이 더 나은, 더 훌륭한 사업가가 되기 위해 하나하나 배워나가는 과정의 일부다. 하지만 그중에서도 특히 나를 괴롭히고 방해했던 사람들은 지하실의 미치광이라는 표현으로 따로 지칭했다. 그들의 부끄러운 과오는 그 정도로 묻어두는 게 나을 듯싶다.

나의 특별한 멘토 댄 위가트에게 이 책을 바친다. 자서전을 출간할 만한 자격이 있을 정도로 훌륭한 분이다. 그는 나와 비슷한 생각을 지닌 동지이자, 나 자신보다도 먼저 내가 지닌 재능을 알아봐준 분이다. 그는 자상하게 나를 안내하고 이끌었으며, 굳이

말로 하지 않고도 내가 자신의 능력을 믿을 수 있게 해주었다. 내가 나약할 때는 나를 보호하고 지켜주었으며, 내가 강할 때는 내 곁에 함께해주었다. 믿을 수 없을 만큼 훌륭한 분인 댄에게 진심으로 감사를 전한다. 내 인생에서 그런 분을 만나게 된 것은 정말 축복이다.

경영자 시절의 동료들과 직원들의 도움이 아니었다면 나는 결코 지금의 커리어를 다질 수 없었을 것이다. 그들은 나의 가장 중요한 청중이었고, 내가 그들의 도움을 필요로 했을 때 늘 응답해주었다. 그리고 나 역시 그들에게 도움을 줄 수 있어서 영광이다. 감사를 드리고 싶은 사람들이 정말 많은데, 그중 몇몇의 이름은 여기에서 꼭 언급하고 싶다. 마이크 레너, 팀 클로드, 프랭크 구전, 데이비드 리, 브루스 징글스, 데이비드 톰슨, 프랭크 그뢰네베겐, 라구 라가반, 짐 스타이스, 존 쿠하치크, 매트 솔라, 필 스미스, 톰 브리지스, 론 라너, 에이미 굽타, 마크 캘훈. 깜박 잊고 여기에 다 호명하지 못한 많은 사람들에게 미안하다.

나를 신뢰해주고 나와 함께 리스크를 완화하고 가치를 창출해낸 놀라운 사업의 동료들에게 감사의 인사를 전하고 싶다. 결과와 상관없이, 우리 모두의 의도는 항상 옳았고 우리의 목표는 명확했다. 또한 그들은 옳든 그르든, 소극적으로든 적극적으로든 좋은 취지에서 지속적인 조언과 지시를 아끼지 않았다. 그 점이 정말 감사하다.

그들 덕분에 나는 더욱 영리하고 예리해졌고, 내가 지닌 기술을 더욱 갈고닦을 수 있었으며, 인내심을 갖고 그 모든 걸 견뎌낼 수 있었다. 특히 피트 맥너니, 데이브 스태슨, 러스티 프렌치, 크리스 존슨, 존 디드릭, 짐 보치노스키, 스티브 웨이트, 데이브 밀른에게 진심으로 감사한다.

그리고 마지막으로, 사업가로서 집요한 면이 있는 나를 매일 대해야 하는 우리 가족 내 아내 지나, 딸 안나, 아들 루크, 의붓아들 조던과 타이슨에게 감사와 사랑을 전한다. 행복하고 건강하고 화목한 가족으로 살아간다는 건 대단한 축복이다. 가족은 내게 하루하루를 살아낼 힘과 에너지를 준다. 나는 어마어마하게 행복한 사람이다.

임원 경력

- 쿡 크리티컬 케어(COOK Critical Care): 디렉터 · 매니저 (Director · Manager), 1983~1989
- 마이크로베나(MICROVENA, Inc.): 창업 CEO, 1989~1998
- 이미지 가이디드 뉴로로직스(Image-guided NEUROLOGICS): 공동 창업자 겸 CEO, 1998~2005
- 애큐티브 메디컬 벤처스(Accuitive Medical Ventures): 상무이사(Managing Director), 2005~2008
- 노바비전(NovaVision): 임시 CEO (Interim-CEO), 2008~2010
- 엘렌자(ELENZA, Inc.): 회장 겸 CEO, 2010~

이사회 경력

- 마이크로베나, 1983~1989
- 마이크로퓨어 메디컬(MicroPure Medical, Inc.), 1993~1998
- 바스큘라 사이언스(Vascular Science), 1996~1999
- 사이토제네시스(CytoGenesis, Inc.): 의장, 1999~2005
- 트라이튼 바이오시스템즈(Triton BioSystems, Inc.): 의장, 1999~2006
- TGS 이노베이션즈(TGS Innovations, Inc.): 2008~2012
- Q-센세이(Q-Sensei, Inc.): 의장, 1999~
- 넥스젠 메디컬 시스템즈(NexGen Medical Systems, Inc.), 2009~
- 핑MD(PingM), 2010~
- 엘렌자, 2010~
- 옵티스텐트(OptiSTENT, Inc.), 2010~
- 그레이트배치(Greatbatch), 2012~

투자 회수

- 바스큘라 사이언스: 세인트 주드 메디컬(St. Jude Medical)이 인수, 1999
- 마이크로베나: 워버그 핀커스(Warburg Pincus)가 인수, 2000
- 사이토제네시스: 브레사젠(BresaGen Ltd.)과 합병, 2001
- 서모닉스: 트라이튼 바이오시스템즈와 합병, 2002
- 이미지 가이디드 뉴로로직스: 메드트로닉(Medtronic, Inc.)이 인수, 2004

수상 경력

- 젊은 미국인 상(Who's Who Among Rising Young Americans), 1991, 1992, 1993
- 비즈니스 관련 인용 부문(Business Citation Awards)
- 롤렉스 우수기업 상(The Rolex Enterprise Award of Excellence), 1993
- 국제 비즈니스 상(Who's Who in International Business): 인용 부문(Citation Award), 1994
- 임원&비즈니스 상(Who's Who in Executives & Businesses), 1997
- 미네소타 기술 리더십 상(Minnesota's Technology Leadership Award): 3M, 허니웰(Honey-well) & 메드트로닉 주관, 1997
- 임원&비즈니스 상(Who's Who in Executives&Businesses), 1998
- 의회 기업인 자문위원회 명예 의장(Honorary Chairman of the Congressional Business Ad-visory Council), 2003~2005
- 언스트&영 올해의 사업가 상(Ernst & Young Entrepreneur of the Year Award), 2004
- 올해의 사업가 상(Businessman of the Year): 전국 의회 위원회(National Congressional Committee) 수여, 2005
- 올해의 사업가 상(Entrepreneur of the Year Award): 비즈니스 인텔리전스 그룹(Business Intelligence Group) 수여, 2013

작품 활동 (소설 부문)

- 『악의 형평성(EQUITY of EVIL)』: '형평성 시리즈'의 1권 (2012년 3월 출간)
- 『공포의 형평성(EQUITY of FEAR)』: '형평성 시리즈'의 2권 (2013년 3월 출간)

옮긴이 최경은

서울대학교 중문과와 한국외국어대학교 통번역대학원 한영과를 졸업했고 정부 기관과 민간 기업에서 일했다. 현재 번역에이전시 엔터스코리아에서 전문번역가로 활동하고 있다. 옮긴 책으로는 『인스타그램 파워』, 『소셜 네트워크 e혁명』, 『하우 투 랩』 등 다수가 있다.

돈이 되는 비즈니스를 만들고
브랜딩하는 법

사업의 감각

초판 1쇄 인쇄 2019년 12월 3일
초판 1쇄 발행 2019년 12월 10일

지은이 루디 마조키
옮긴이 최경은
펴낸이 김선식

경영총괄 김은영
책임편집 봉선미 **디자인** 김누 **책임마케터** 최혜령, 박태준
콘텐츠개발5팀장 박현미 **콘텐츠개발5팀** 봉선미, 김누, 김다혜, 권예경
마케팅본부 이주화, 정명찬, 권장규, 최혜령, 이고은, 최두영, 허지호, 김은지, 박태준, 박재연, 배시영, 박지수, 기명리
저작권팀 한승빈, 이시은
경영관리본부 허대우, 하미선, 박상민, 윤이경, 권송이, 김재경, 최완규, 이우철

펴낸곳 다산북스 **출판등록** 2005년 12월 23일 제313-2005-00277호
주소 경기도 파주시 회동길 357 3층
전화 02-704-1724
팩스 02-703-2219 **이메일** dasanbooks@dasanbooks.com
홈페이지 www.dasanbooks.com **블로그** blog.naver.com/dasan_books
종이 (주)한솔피앤에스 **출력 · 인쇄** 민언프린텍

ISBN 979-11-306-2755-7 (03320)

- 책값은 뒤표지에 있습니다.
- 파본은 구입하신 서점에서 교환해드립니다.

- 이 도서의 국립중앙도서관 출판시도서목록(CIP)은 서지정보유통지원시스템 홈페이지(http://seoji.nl.go.kr)와 국가자료공동목록시스템(http://www.nl.go.kr/kolisnet)에서 이용하실 수 있습니다. (CIP제어번호 : CIP2019048352)